컴퓨터 없이 배우는
컴퓨터 과학과 컴퓨팅 사고력

언플러그드 놀이 코딩 보드게임

컴퓨터 없이 배우는
컴퓨터 과학과 컴퓨팅 사고력

언플러그드 놀이 코딩 보드게임

초판 1판 1쇄 발행 : 2020년 4월 20일

발행인 : 김길수
발행처 : ㈜영진닷컴
등　록 : 2007. 4. 27. 제16-4189호
이메일 : support@youngjin.com
주　소 : (우)08505 서울특별시 금천구 가산디지털2로 123 월드메르디앙벤처센터2차 10층 1016호 ㈜영진닷컴

ISBN 978-89-314-6190-9

독자님의 의견을 받습니다.
이 책을 구입한 독자님은 영진닷컴의 가장 중요한 비평가이자 조언가입니다. 저희 책의 장점과 문제점이 무엇인지, 어떤 책이 출판되기를 바라는지, 책을 더욱 알차게 꾸밀 수 있는 아이디어가 있으면 팩스나 이메일, 또는 우편으로 연락주시기 바랍니다. 의견을 주실 때에는 책 제목 및 독자님의 성함과 연락처(전화번호나 이메일)를 꼭 남겨 주시기 바랍니다. 독자님의 의견에 대해 바로 답변을 드리고, 또 독자님의 의견을 다음 책에 충분히 반영하도록 늘 노력하겠습니다.

파본이나 잘못된 도서는 구입하신 곳에서 교환해 드립니다.

STAFF
저자 홍지연, 홍장우 | **총괄** 김태경 | **기획** 정소현 | **디자인·편집** 김소연
영업 박준용, 임용수, 김도현 | **마케팅** 이승희, 김근주, 조민영, 김예진, 이은정 | **제작** 황장협 | **인쇄** 제이엠

언플러그드 놀이 코딩 보드게임

홍지연, 홍장우 공저

YoungJin.com Y.
영진닷컴

2014년에 처음 소프트웨어 교육을 준비할 때만 해도 무엇을 어떻게 가르쳐야 할지 참 막막했던 것 같습니다. 많은 고민과 시행착오 끝에 〈언플러그드 놀이〉 책이 처음 2016년에 완성되어 소개되었고, 이후 많은 분들의 사랑으로 〈언플러그드 놀이〉가 시리즈가 되면서 2권과 3권까지 발간이 되었습니다. 특히 3권은 언플러그드 활동 시 간편하게 활용할 수 있는 코딩 보드게임과 교과 연계형 언플러그드 놀이를 중심으로 정리하였고, 학교 현장에서 그리고 가정에서 아이들이 즐겁게 놀면서 공부한다는 말씀을 많이 들을 수 있었습니다.

이에 4권이라 할 수 있는 코딩 보드게임 1부에서는 '반지의 조건', '엉망진창 로보샵'과 같이 학교 교육 과정과 연계하여 활용하기 좋은 7종의 코딩 보드게임을 엄선하여 소개하고 있습니다. 또한, 코딩 보드게임이 없는 경우에 대비하여 직접 만들어서 보드게임을 할 수 있도록 부록과 일부 PDF 파일을 별도로 제공합니다. 2부에서는 보드게임을 사지 않아도 책만 있으면 바로 활용할 수 있는 코딩 보드판을 제공하여 데이터 과학의 개념과 원리, 컴퓨터의 역사, 정보 소양 교육 등 컴퓨터의 다양한 영역을 넘나들며 배울 수 있도록 구성하였습니다.

소프트웨어 교육에 있어 언플러그드 활동의 효과성과 만족도는 이미 많은 학교 현장에서 선생님과 학생들을 통해 입증되었습니다. 소프트웨어 교육을 처음 시작하는 학생이나 저학년 학생에게 언플러그드 활동은 다소 어려울 수 있는 컴퓨터 과학의 개념이나 원리를 놀이를 통해 쉽고 재미있게 배울 수 있도록 해줍니다. 그럼에도 불구하고 다양한 언플러그드 활동 교구의 부재는 해결해야 할 과제로 남아있습니다. 이에 이 책에서 소개된 다양한 코딩 보드게임을 활용한 언플러그드 활동이 하나의 대안이 될 수 있을거라 생각합니다. 특히 2부에서 소개되는 코딩 보드판을 활용한 언플러그드 보드게임은 특별한 보드게임을 구입하지 않고도 책만 있으면 가족과 함께 또는 친구와 함께 즐겁게 즐기며 학습할 수 있습니다.

"나는 평생 하루라도 일을 하지 않았다. 그것은 모두 재미있는 놀이였다."

– 토마스 A.에디슨 –

놀이는 우리의 삶입니다. 특히 어린 아이에게 있어 놀이는 그들이 배우고 있는 것을 연습할 수 있는 기회를 주는 삶의 축소판이자 뇌가 가장 좋아하는 배움의 방식입니다. 놀이가 곧 학습이 되어 배움과 삶, 그리고 놀이가 하나되는 경험을 통해 우리 아이들이 행복한 학습자로 자라나길 기대합니다. 인공지능 시대를 살아가야 하는 우리 아이들이 스마트한 지능뿐 아니라 삶을 즐길 줄 아는 인생의 주인공으로 거듭나길 기대하며 이 한 권의 책이 우리 아이들의 즐거움에 작은 보탬이 되기를 희망해봅니다.

저자 홍지연, 홍장우

홍지연

초등학교 교사 / 한국교원대학교 대학원 초등 컴퓨터 교육 박사수료

저서
- 언플러그드 놀이 1~3 영진닷컴
- 학교 수업이 즐거워지는 엔트리 코딩 영진닷컴
- WHY? 코딩 워크북 예림당
- 코딩과학동화 시리즈 〈팜〉 길벗
- 소프트웨어 수업백과 상상박물관
- HELLO! EBS 소프트웨어 EBS 외 다수

홍장우

초등컴퓨팅교사협회 학생교육 강사 / 한국기술교육대학교 졸업

경력
- SKT 신나는 코딩스쿨 운영진 및 강사
- ATC 메이커 스페이스 학생 교육 강사
- 다수 초등학교 코딩 교육 강사

저서
- 루프씨의 빙글뱅글 시계 교원 출판사
- 비밀 친구의 깜짝 선물 교원 출판사

소프트웨어와 친해지는 언플러그드 놀이 코딩 보드게임

보드게임이 사고력 향상에 도움이 된다고요?!

보드게임은 즐거움이라는 속성과 게임이라는 구조적인 특성에 놀이가 지니는 자율성이 합해져 현대 사회를 구성하는 중요한 문화 콘텐츠라고 할 수 있습니다. 여기에 어린아이들뿐 아니라 성인, 노인 등 전 연령에 걸쳐 바쁜 일상생활 속에서도 생활의 재충전을 위한 하나의 여가 문화로서 보드게임은 핵심적인 역할을 하고 있습니다. 아이들은 즐겁게 보드게임을 하는 과정 중에 상대방을 이기기 위한 전략을 끊임없이 생각합니다. 이 과정은 아이들이 그 상황에 대한 굉장한 집중력을 필요로 할 뿐 아니라 전략적 사고, 문제 해결 능력, 자기조절 능력 등 미래 사회에 갖춰야 할 핵심 역량과 관련된 사고력을 촉진시킵니다.

미래 사회에서는 컴퓨팅 사고력이 필요해요!

AI, 빅데이터, IoT, 로봇, 3D 프린터 등 4차 산업혁명 시대의 최첨단 기술의 발전은 우리의 일상생활은 물론 사회, 문화, 정치, 경제, 교육 등 모든 것을 바꿔놓고 있습니다. 이렇게 급변하는 시대에 우리 아이들이 갖춰야 할 사고력 중 하나가 바로 컴퓨팅 사고력입니다. 사람이 하기에 위험하거나 복잡한 문제, 컴퓨터로 했을 때 훨씬 더 효율적으로 해결할 수 있는 문제들이 많아지면서 이런 문제를 해결할 때 필요한 컴퓨팅 사고력이 그 어느 때보다 중요해지고 있고 이를 신장시키기 위해 소프트웨어 교육이 의무교육으로서 초등학교 때부터 시작되고 있습니다.

SW 교육용 보드게임으로 컴퓨팅 사고력을 키워요!

컴퓨팅 사고력을 키우기 위해서는 우리 아이들이 어릴 때부터 절차적으로 사고하는 습관이 필요합니다. 어떤 문제를 해결하기 위한 방법이나 절차를 미리 생각해보고, 하나씩 적용해가는 가운데 더 효율적인 방법은 없는지 살펴보고, 오류가 발생했을 때 이를 바로 잡아 다시 문제를 해결해나가는 경험이 필요합니다. 컴퓨터를 활용해 직접 경험을 해보는 것이 당연히 중요하지만, 학습자의 나이가 너무 어리거나 소프트웨어 교육의 경험이 전무한 상태라면 컴퓨터 없이 절차적으로 사고하는 습관을 키워볼 수 있는 교육용 코딩 보드게임을 활용한 소프트웨어 교육을 시작해도 좋습니다. 시중에 판매되고 있는 다양한 코딩 보드게임 중에는 순차에서부터 반복, 선택 구조와 같은 컴퓨터의 기본 제어 구조를 활용한 것에서부터 함수, 변수 등 프로그래밍을 할 때 알아야 할 필수적인 학습 요소, 데이터의 정렬과 탐색, 알고리즘까지 컴퓨터 과학에서 꼭 알아야 할 부분까지 굉장히 다양한 스펙트럼을 보여주고 있습니다. 이 중에서 적절한 보드게임을 선택해 아이들과 신나게 놀다 보면 어느새 자연스럽게 사고력은 키워지고, 배워야 할 개념이나 원리를 학습할 수 있게 됩니다.

컴퓨팅 사고를 위한 환경을 제공해주세요!

어릴 때부터 어떤 환경에 노출되어 자라왔는지는 한 아이의 성장에 많은 영향을 미칩니다. 미래 사회에 꼭 필요한 역량으로 컴퓨팅 사고력을 키우려면 어릴 때부터 이런 환경에 자연스럽게 노출되는 것이 좋습니다. 예를 들어 블록으로 로봇을 만들어보고, 여러 가지 앱으로 로봇을 제어하며 놀도록 합니다. 온라인 코딩 게임을 가족이 다 함께 체험하기도 하고, 거실에 둘러앉아 코딩 보드게임으로 즐거운 저녁 시간을 보내도 좋습니다. 특히 어릴 때부터 디지털 기기에 많이 노출되는 것을 꺼리는 부모님이라면 코딩 보드게임과 같은 언플러그드 놀이 교구가 좋은 자료가 될 수 있습니다. 온 가족의 친목 도모는 물론 사고력까지 키울 수 있는 코딩 보드게임을 어릴 때부터 즐길 수 있도록 유의미한 교육 환경을 만들어 주세요.

다양한 SW 교육용 보드게임 정보

❶ 어떤 코딩 보드게임을 선택하면 좋을까요?

다양한 코딩 보드게임 중 어떤 것을 선택하면 좋을지 몇 가지 기준을 살펴보겠습니다.

(1) 교육과정 성취기준에 따라 선택해요!

초등학교 실과 교과서에 나오는 소프트웨어 교육 성취기준을 살펴보면 다음과 같습니다. 이런 성취기준을 달성하는데 도움을 줄 수 있는 코딩 보드게임이면 자연스럽게 놀이 과정에서 배워야 할 것을 배울 수 있겠죠?

[6실04-08] 절차적 사고에 의한 문제 해결의 순서를 생각하고 적용한다.
[6실04-09] 프로그래밍 도구를 사용하여 기초적인 프로그래밍 과정을 체험한다.
[6실04-10] 자료를 입력하고 필요한 처리를 수행한 후 결과를 출력하는 단순한 프로그램을 설계한다.
[6실04-11] 문제를 해결하는 프로그램을 만드는 과정에서 순차, 선택, 반복 등의 구조를 이해한다.

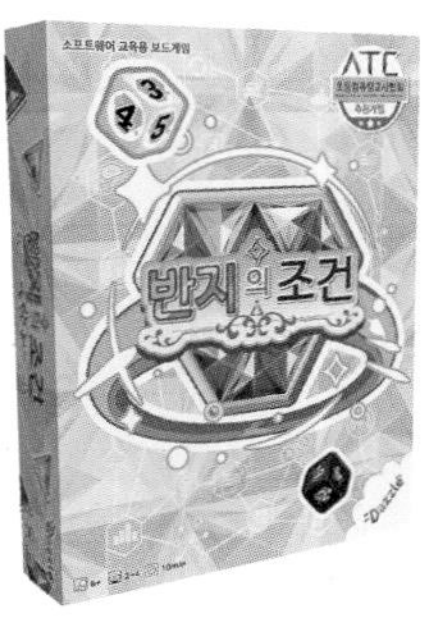

반지의 조건 보드게임을 통해 순차 구조뿐 아니라 조건에 따른 선택 구조를 익힐 수 있어요!

캐치더도그 보드게임을 통해 프로그래밍 과정을 체험할 수 있어요!

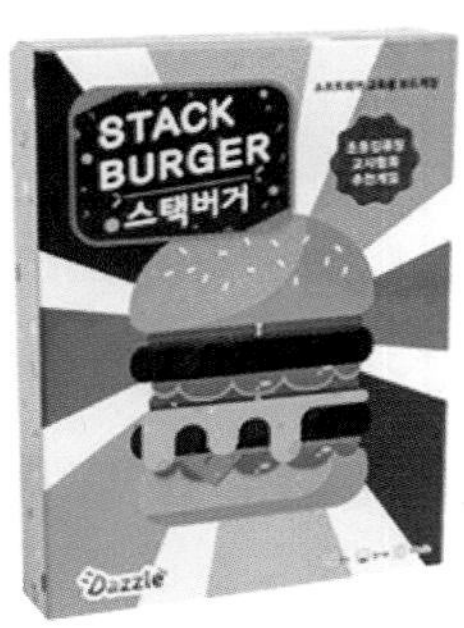

스택버거 보드게임을 통해 절차적 사고에 의한 문제 해결의 순서를 생각할 수 있어요!

(2) 학년의 발달 단계에 따라 선택해요!

초등학생들은 저학년과 고학년의 발달 수준에 상당한 차이가 있습니다. 인지 능력뿐 아니라 소근육 발달, 의사소통 능력 등 전반적인 발달 수준이 다르기 때문에 같은 코딩 보드게임이라 하더라도 학생들에게 다른 효과를 가져옵니다. 따라서 학년의 발달 단계를 고려해 보드게임을 선택해보세요.

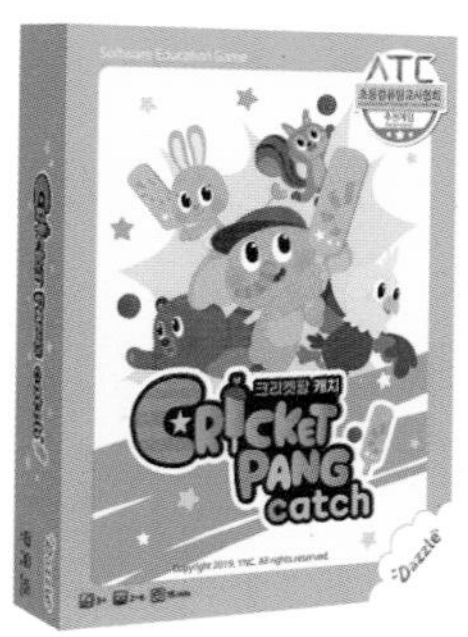

크리켓팡 캐치 보드게임을 통해 저학년 학생들도 쉽게 배울 수 있어요!

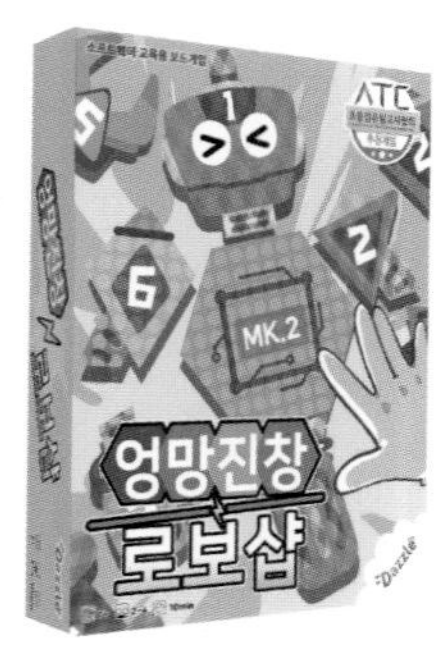

엉망진창 로보샵 보드게임으로 중학년 학생들도 즐겁게 배워요!

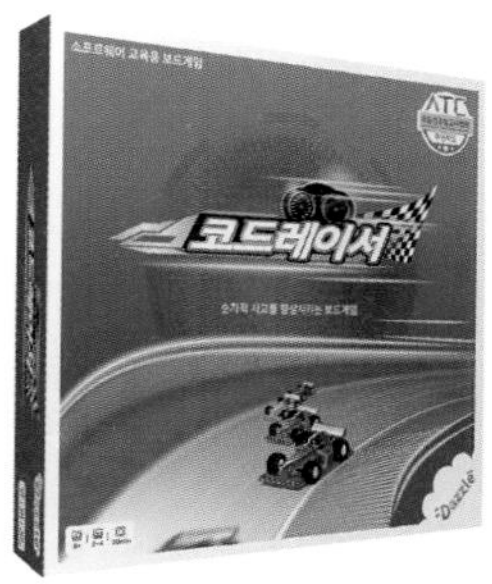

코드레이서 보드게임으로 고학년 학생들의 신나는 두뇌 플레이를 볼 수 있어요!

❷ 코딩 보드게임, 어디서 구입할 수 있을까요?

이 책에서 소개된 다양한 코딩 보드게임 외에도 많은 코딩 보드게임들이 있습니다. 게임 방법뿐 아니라 어떤 교육적 효과가 있는지 자세히 알고 싶다면 아래 소개된 코딩 보드 사이트에 방문하면 됩니다. 선생님이나 부모님이 활용할 수 있는 보드게임 방법 PPT나 매뉴얼도 함께 제공하고 있기 때문에 시간을 내서 꼭 방문해보세요.

다즐에듀

http://www.dazzleedu.com/

반지의 조건, 엉망진창 로보샵, 콤비 등 학년 발달 단계에 따라 다양한 코딩 보드게임이 있어요.

매직빈

http://magicbeangame.com/main/

팝콘, ZIP, 덩, 고앤스탑, 요원 12, 시그널 등 다양한 코딩 보드게임이 있어요.

목차

PART 01

컴퓨팅 사고력을 키우는 언플러그드 놀이 코딩 보드게임

컴퓨터 과학의 개념을 배우는 코딩 보드판 활용 언플러그드 놀이

PART

01

컴퓨팅 사고력을 키우는
언플러그드 놀이 코딩 보드게임

반지의 조건

주사위를 던져 나오는 조건에 따라 보석을 획득해 반지를 완성하는 보드게임을 통해 프로그램의 제어 구조를 이해해봅시다.

수업길잡이

난이도 ★★★★☆
소요시간 20분 이상
놀이인원 2~4인용
준비물 반지의 조건

소프트웨어 보드 놀이를 준비해요!

놀이 목표 반지의 조건을 통해 조건과 선택에 대해 알기

놀이 약속 보드 놀이 후 정리 잘 하기

학교에서 이렇게 배워요!

놀이 활동 6학년 실과 : 6실04-11 문제를 해결하는 프로그램을 만드는 과정에서 순차, 선택, 반복 등의 구조를 이해한다.

선택

리더 주사위의 조건에 따라 보석을 획득하고, 흰색 보석으로 견제하며, 조건 카드를 이용해 최대한 같은 색의 보석을 많이 모아 높은 점수를 얻어 승리할 수 있습니다. 놀이하는 과정에서 자연스럽게 조건에 따른 선택문을 익힐 수 있는 반지의 조건 보드게임을 해봅시다.

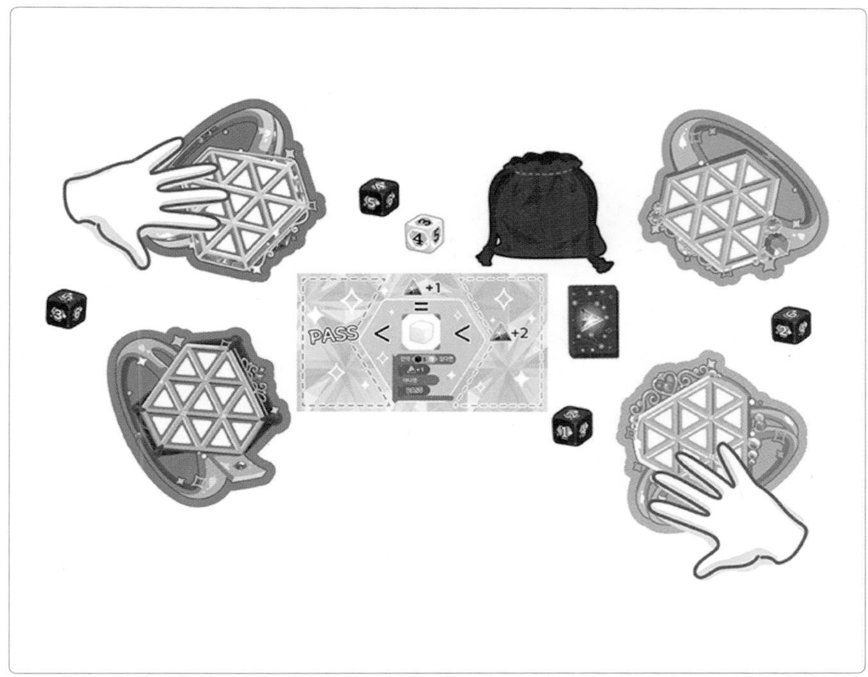

1 조건 보드와 보석이 담긴 주머니를 테이블의 가운데에 놓고, 액션 카드를 더미로 만들어 조건 보드 옆에 놓습니다. 각자 원하는 개인 보드와 바탕색이 같은 개인 주사위를 가져갑니다.

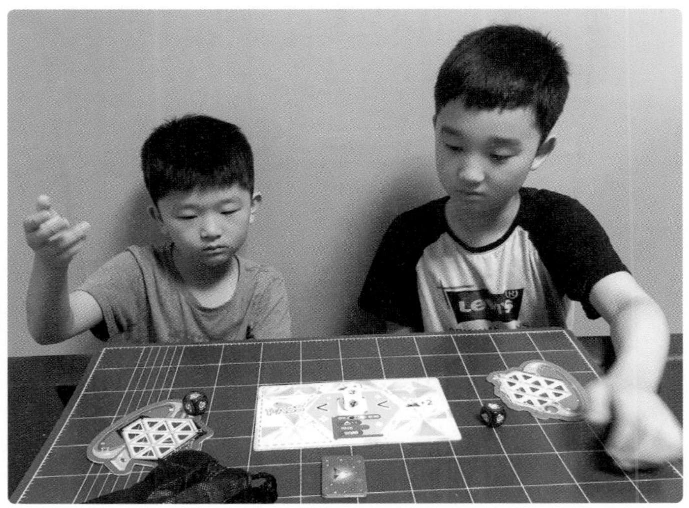

2 선 플레이어를 정하고, 시계 방향으로 게임을 플레이합니다. 선 플레이어는 리더 주사위를 굴린 후 리더 주사위를 조건 보드의 해당 위치에 올려놓습니다.

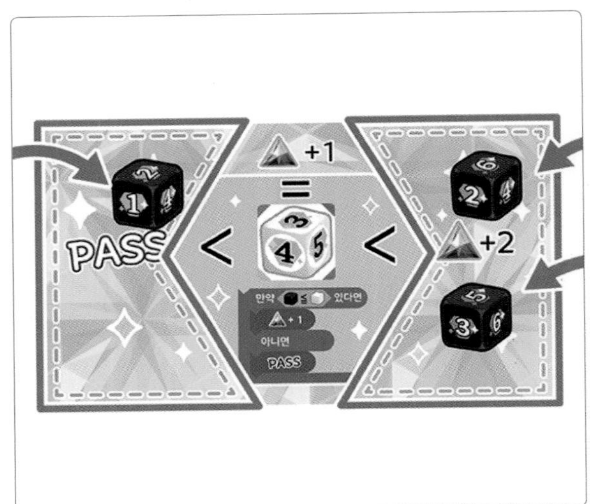

3 나머지 플레이어는 자신의 주사위를 굴려 나온 숫자를 확인하고 조건 보드 해당 위치에 올려놓습니다.

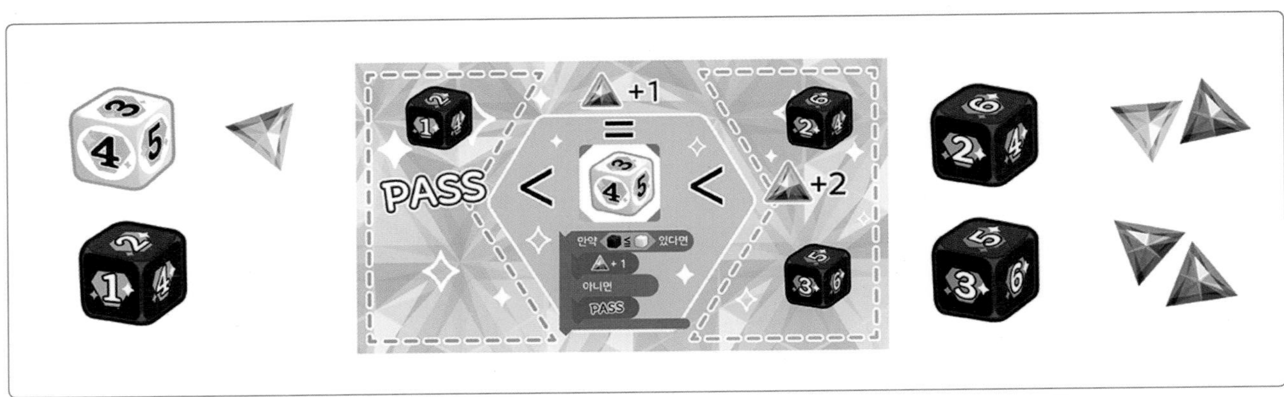

4 선 플레이어부터 시계 방향으로 돌아가며 조건에 해당하는 개수만큼의 보석을 가져가 원하는 곳에 끼워 넣습니다. 같은 색 보석이 많이 이어질수록 높은 점수를 얻게 됩니다. 보석을 가져갈 때는 주머니에 손을 넣어 가져가되 보석의 색깔을 고르지 않습니다.

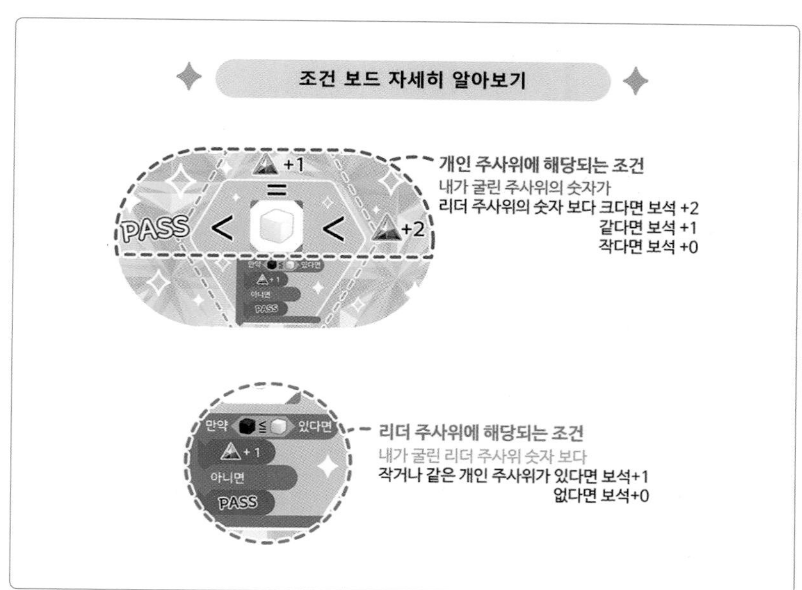

5 내가 굴린 주사위의 숫자가 리더 주사위 숫자보다 크다면 보석 2개를 획득합니다. 같다면 보석 1개를 획득하고, 만약 작다면 보석을 얻을 수 없습니다. 내가 굴린 리더 주사위의 숫자보다 작거나 같은 개인 주사위가 있다면 보석 1개를 얻고, 그렇지 않다면 얻을 수 없습니다.

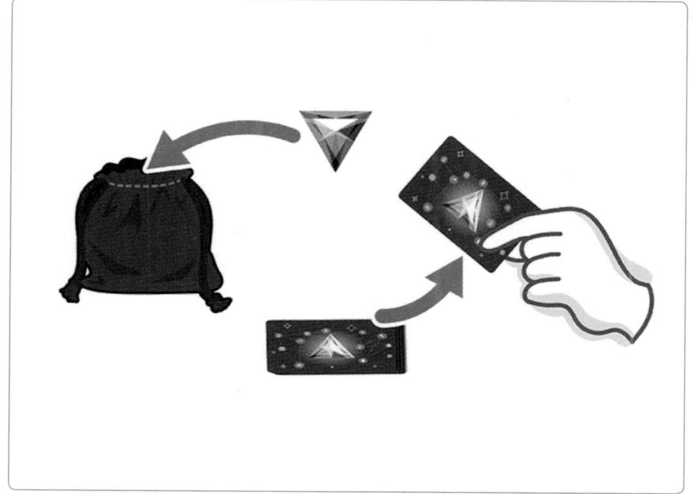

6 만약 흰색 보석을 얻었다면 다음 2가지 행동 중 하나를 할 수 있습니다.

- 방해하고 싶은 플레이어의 개인 보드의 어느 곳에나 흰색 보석을 끼울 수 있습니다.
- 흰색 보석을 액션 카드와 바꿀 수 있습니다. 이때 액션 카드는 1장만 가지고 있을 수 있으며 사용하지 않은 카드는 게임 종료 시 1점으로 환산됩니다.

7 한 명의 플레이어가 자신의 개인 보드에 그려진 반지에 보석을 모두 채우면 게임은 종료됩니다. 이때 같은 색 보석들이 연결된 면을 1점으로 계산하고, 사용하지 않은 액션 카드도 1점으로 환산됩니다.

8 동점인 경우 흰색 보석을 빈 공간으로 계산하고 빈 공간이 많은 플레이어가 승리합니다. 빈 공간도 같을 경우 흰색 보석이 많은 플레이어가 승리합니다.

다음과 같은 액션 카드가 있어요!

	**주머니에서 원하는 보석을 선택할 수 있어요!** : 주머니 안에서 원하는 색깔의 보석을 하나 가져옵니다.
	**동일한 보석을 하나 더 가져올 수 있어요!** : 이번 턴에서 가져왔던 보석과 같은 색 보석을 하나 찾아옵니다. 2개의 보석을 가져왔다면 2가지 중 하나의 색을 골라 가져옵니다. 흰색 보석은 해당하지 않습니다. 만약 이번 턴에서 가져온 보석이 없다면 카드를 사용하지 않습니다.
	**다른 플레이어의 보석 하나를 내 것과 교환해요!** : 다른 플레이어의 개인 보드에 있는 보석 하나는 선택하여 가져오고, 자신의 개인 보드에 있는 보석 하나를 선택하여 줍니다.

* 특수 룰을 적용할 수 있어요!

1 만약 모든 플레이어가 굴린 주사위의 숫자가 리더 주사위의 숫자보다 작더라도 동일한 숫자라면 특수 룰이 적용되어 선 플레이어를 제외한 모든 플레이어가 보석 1개씩 얻습니다.

2 게임을 하면서 느꼈던 점이나 아쉬웠던 점을 떠올려 나만의 특수 룰이나 조건에 따른 선택문을 만들어 봅시다.

보드게임으로 선택문을 배워요!

조건을 확인하여 그에 따라 서로 다른 명령을 따르도록 하는 프로그램의 제어 구조를 선택문이라고 합니다. 아래 그림처럼 〈만일 ~이라면〉의 조건인 "마우스를 클릭했는가?"를 만족한다면 〈마우스 포인터 위치로 이동하기〉 명령을 실행합니다. 조건을 만족한 경우에만 특정한 명령을 실행합니다. 다른 말로 if문이라고 하지요.

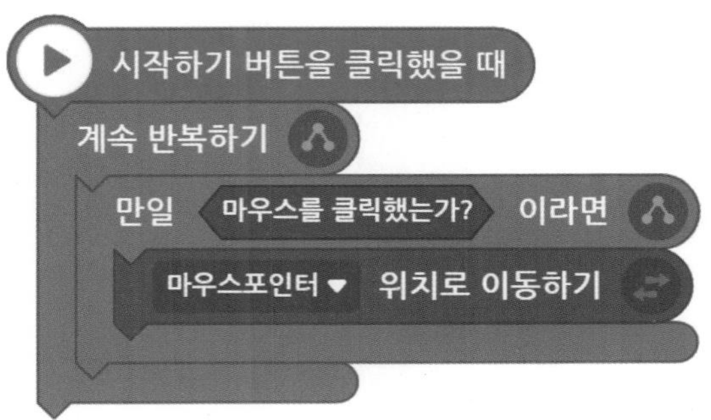

또 다른 예시를 살펴보겠습니다. 아래 그림처럼 〈만일 ~이라면, 아니면〉의 조건인 "마우스를 클릭했는가?"를 만족한다면 〈마우스포인터 위치로 이동하기〉 명령을 실행하고, 아니면 즉, 조건을 만족하지 못한 경우 〈이동 방향으로 2만큼 움직이기〉 명령을 실행합니다. 조건을 만족하느냐, 그렇지않느냐에 따라 각기 다른 일을 하는 것이지요. 이를 다른 말로 if-else문이라고 합니다.

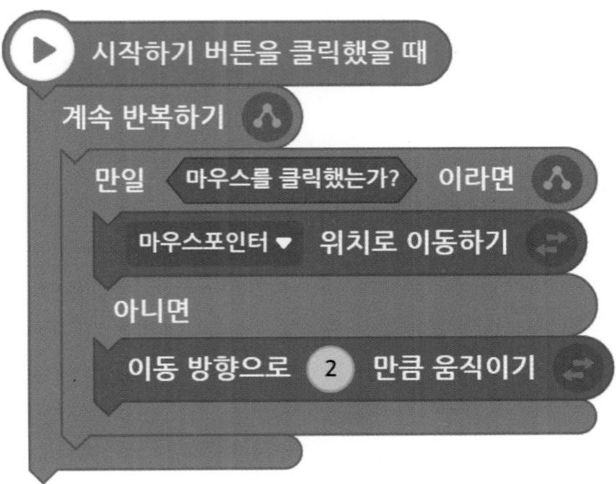

반지의 조건 보드게임에서도 〈만약 ~이라면, 아니면〉 선택문을 사용합니다. 신나게 보드게임도 하고 조건에 따른 선택문도 배워보는 것은 어떨까요?

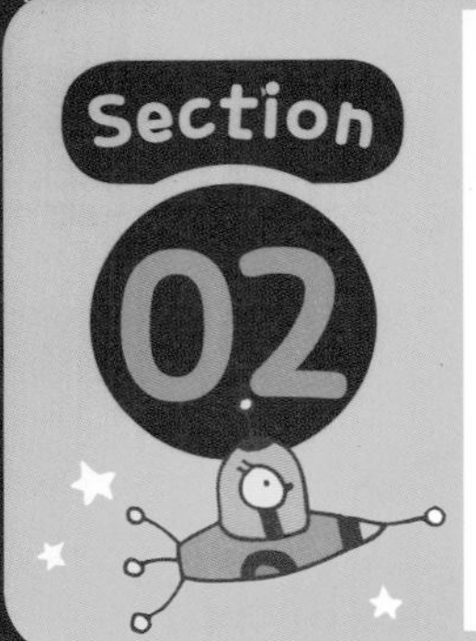

비밀의 수

오름차순, 내림차순의 의미를 알고, 오름차순 또는 내림차순 미션을 순차적으로 해결해 앨리스의 열쇠를 모으는 보드게임을 해봅시다.

수업길잡이

난이도 ★★★☆☆
소요시간 15분 이상
놀이인원 2~4인용
준비물 비밀의 수

소프트웨어 보드 놀이를 준비해요!

놀이 목표 비밀의 수를 통해 순차에 대해 알기

놀이 약속 보드게임의 규칙을 잘 이해하고 놀이하기

학교에서 이렇게 배워요!

놀이 활동 6학년 실과 : 6실04-11 문제를 해결하는 프로그램을 만드는 과정에서 순차, 선택, 반복 등의 구조를 이해한다.

순차

앨리스의 열쇠 카드에 나타난 조건에 따라 신기한 동물 카드를 순서대로 찾고, 4단계의 열쇠를 먼저 모으는 플레이어가 이기는 게임입니다. 놀이하는 과정에서 자연스럽게 순차의 개념을 익힐 수 있는 비밀의 수 카드형 보드게임을 해봅시다.

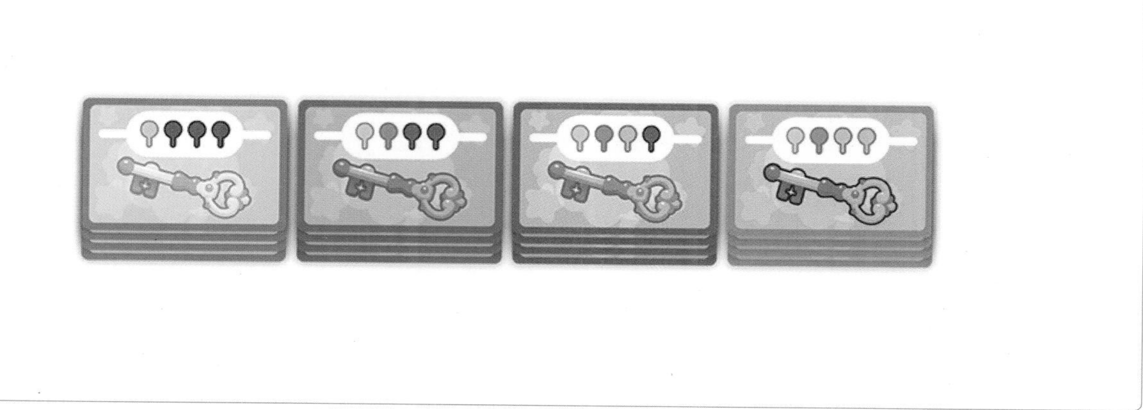

1 같은 단계의 앨리스의 열쇠 카드끼리 잘 섞은 후 뒷면이 보이게 더미로 쌓아 테이블 가운데에 둡니다.

2 10장의 신기한 카드를 섞어서 숫자가 보이게 테이블의 가운데에 펼쳐 놓습니다.

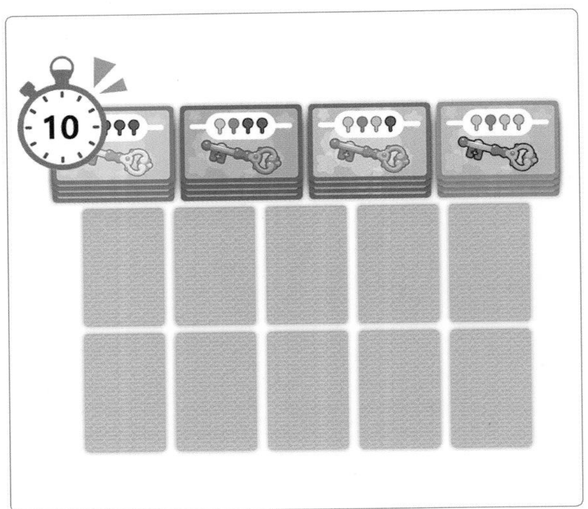

3 모든 플레이어는 다 함께 1부터 10까지 숫자를 세며 바닥에 깔린 신기한 동물 카드에 적힌 수와 위치를 기억한 뒤 뒤집어 놓습니다. 그리고 가위바위보에서 이긴 선 플레이어부터 시계 방향으로 게임을 진행합니다.

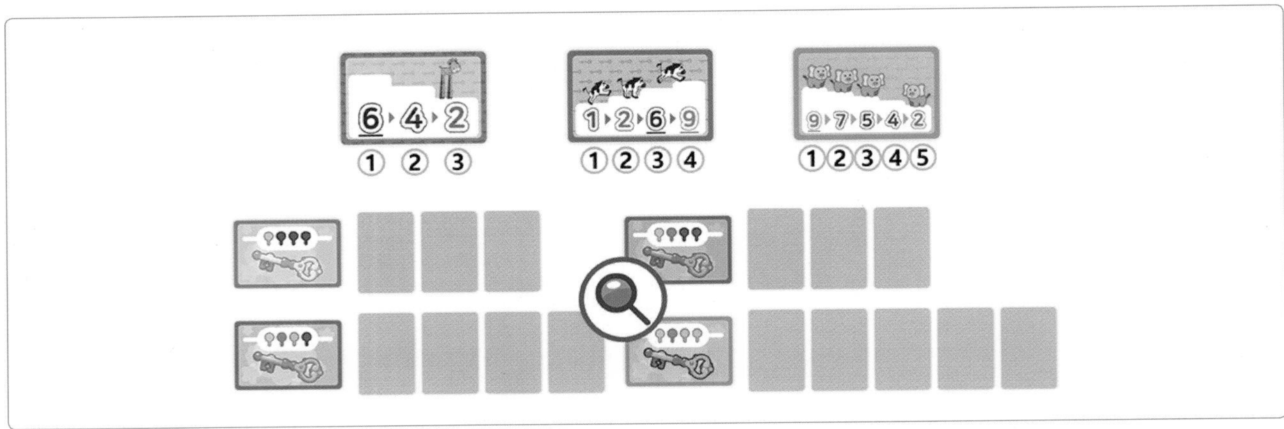

4 플레이어는 두 가지 중 하나의 행동을 할 수 있습니다. 첫째, 현재 자신이 도전하는 앨리스의 열쇠 카드에 적힌 숫자의 개수만큼 신기한 동물 카드를 확인할 수 있습니다. 파란색과 녹색 열쇠 카드는 각각 1, 2단계로 3장까지, 분홍색 열쇠 카드는 3단계로 4장까지, 노란색 열쇠 카드는 4단계로 5장까지 확인 가능합니다. 숫자를 확인할 때는 모두가 볼 수 있게 하고, 확인이 끝났으면 뒤집어 둡니다.

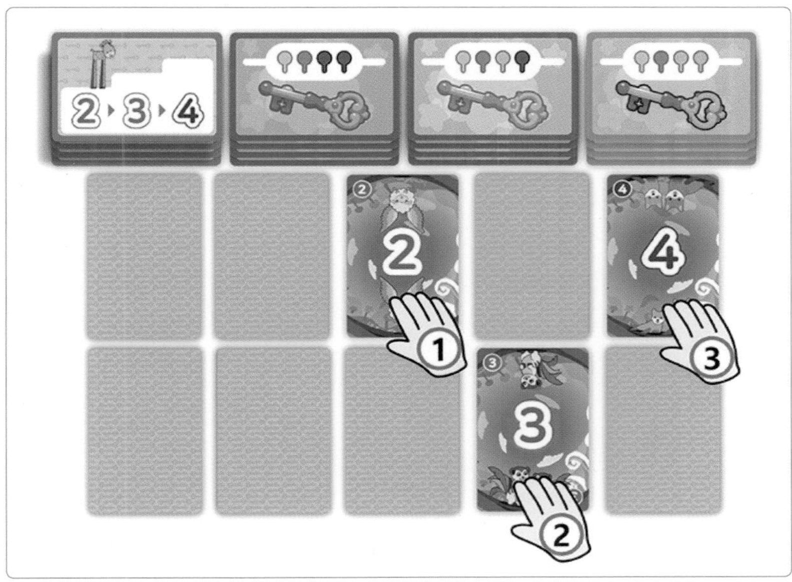

5 둘째, 앨리스의 열쇠 카드에 도전합니다. 첫 번째 플레이어는 1단계 열쇠 카드 더미의 가장 위에 놓인 카드를 펼칩니다. 자신이 앨리스의 열쇠 카드를 찾을 자신이 있다면 도전을 외친 후 신기한 동물 카드를 찾을 수 있습니다. 이때 반드시 열쇠 카드에 표시된 숫자에 맞게 왼쪽에서 오른쪽으로 나타난 수에 해당하는 숫자 카드를 차례대로 찾아야 합니다.

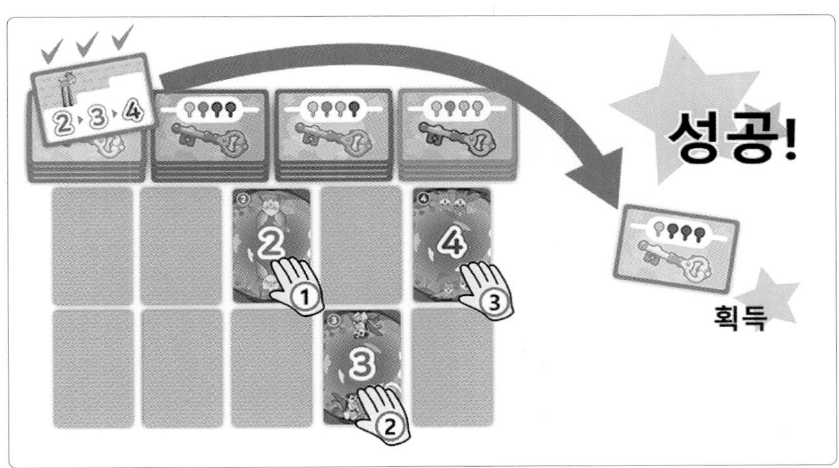

6 신기한 동물 카드의 숫자를 확인할 때 앨리스의 열쇠 카드에 적힌 숫자 순서대로 카드를 찾았다면 앨리스의 열쇠 카드를 획득합니다.

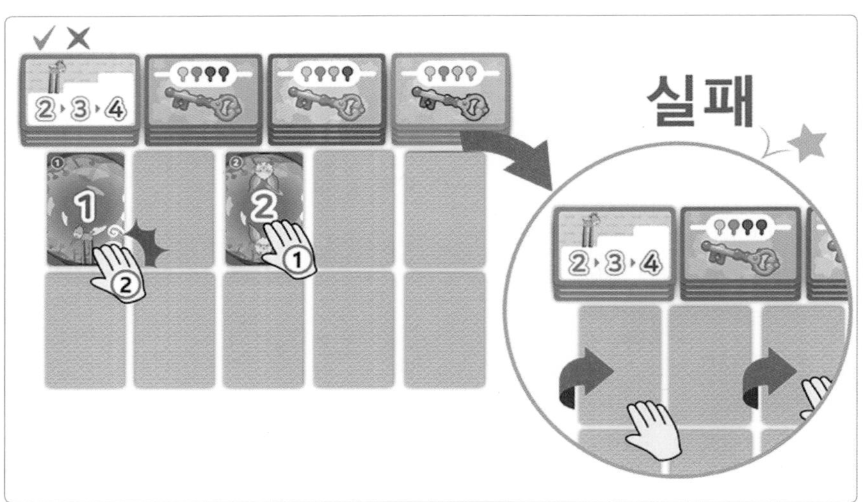

7 도전을 외치고 신기한 동물 카드를 찾던 중 현재 자신이 찾는 앨리스의 열쇠 카드와 다른 숫자를 찾았다면, 또는 순서가 틀렸다면 그 즉시 신기한 동물 카드를 다시 뒤집고 다른 플레이어에게 차례가 넘어갑니다.

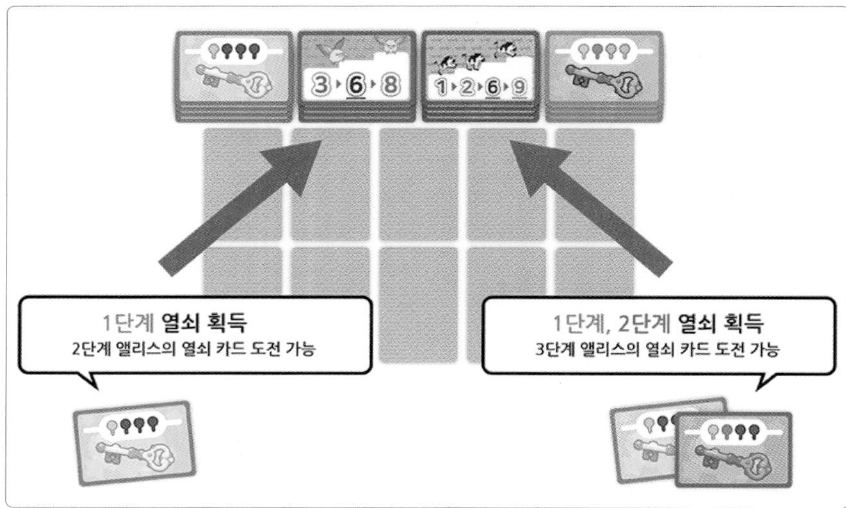

8 앨리스의 열쇠 카드는 반드시 1단계부터 단계별로 찾아야 하며 앨리스의 열쇠 카드를 획득했다면 연속해서 다음 단계의 열쇠 카드를 찾을 수 있습니다.

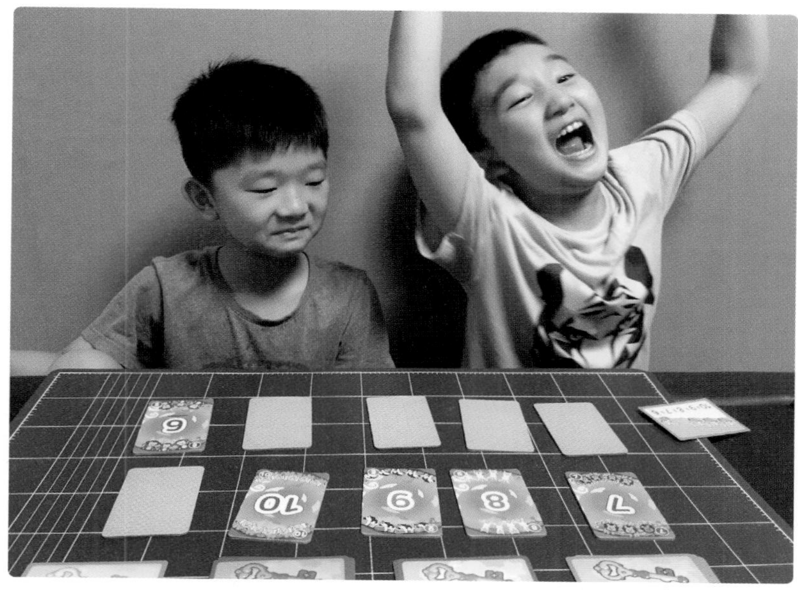

9 가장 먼저 4단계의 열쇠 카드를 모두 모은 플레이어가 게임에서 승리합니다.

놀이 Tip

보드게임을 시작하기 전에 보드게임 속 숨어있는 이야기를 들려주어도 좋습니다. 이야기를 읽은 아이들은 보드게임에 더욱 몰입하며 즐겁게 참여할 수 있지요. 만약 이야기가 없다면 아이와 함께 재미있는 이야기를 만들어 보세요.

"네가 한 번도 본 적 없는 신기한 동물들이 우리 집에 살고 있어. 믿기니?"

이웃집에 사는 앨리스의 자랑이 또 시작됐네요.

"그런데 말이야, 내가 우리 집 문을 여는 열쇠를 잃어버렸거든.
나를 도와서 열쇠들을 찾고 신기한 동물들을 구경해보지 않을래?"

정말 앨리스가 말한 신기한 동물들이 있는지 확인하려면 4개의 열쇠를 모두 찾아야만 한답니다.
눈을 크게 뜨고 열쇠를 찾아보세요.

* 보드게임이 없다면 비밀의 수 놀이를 간단하게 만든 미니 보드게임을 해보세요.

1 부록에 있는 열쇠 카드와 숫자 카드를 오려서 만듭니다.

2 열쇠 카드에 적힌 순서대로 숫자 카드를 찾아 맞으면 열쇠 카드를 획득할 수 있습니다.

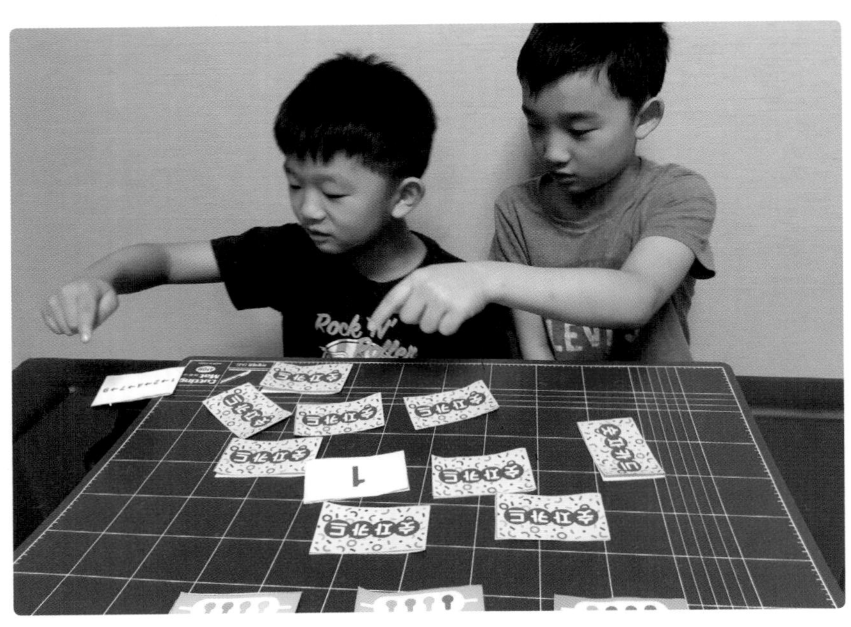

Special Page

보드게임으로 오름차순, 내림차순도 배워요!

오름차순이란 숫자나 문자의 순서가 낮은 것에서부터 높은 순서로 올라가는 것을 의미합니다. 내림차순은 반대로 숫자나 문자의 순서가 높은 것에서부터 낮은 순서로 내려가는 것을 의미합니다. 예를 들어 〈가, 나, 다, 라~〉, 〈1, 2, 3, 4, 5~〉, 〈a, b, c, d~〉 등은 모두 오름차순이라고 할 수 있습니다. 오름차순과 내림차순은 데이터를 정리할 때 즉, 데이터 정렬 시 많이 사용합니다. 이름 목록을 사전 순으로 정렬하거나 성적을 순위별 또는 총점별 등으로 정리할 때 말이죠.

아래 그림은 엑셀에서 데이터를 정렬할 때 사용하는 버튼의 예시입니다. 〈ㄱ〉에서 〈ㅎ〉으로 표시된 것은 텍스트를 오름차순으로 정렬한다는 의미이며, 〈ㅎ〉에서 〈ㄱ〉으로 표시된 것은 텍스트를 내림차순으로 정렬한다는 의미입니다.

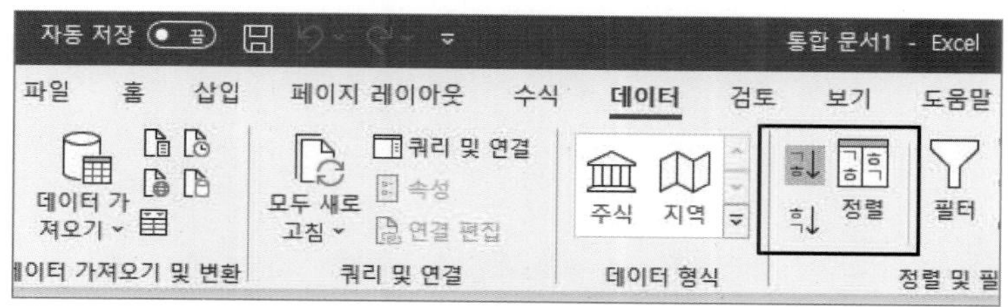

비밀의 수 보드게임에서 '6-4-2'처럼 내림차순으로 숫자 카드를 순서대로 찾아야 하는 경우도 있고, '1-2-6-9'처럼 오름차순으로 숫자 카드를 순서대로 찾아야 하는 경우도 있습니다. 놀이하는 과정에서 오름차순과 내림차순을 자연스럽게 접하고 익힐 수 있게 되지요. 그럼 신나는 카드형 보드게임인 〈비밀의 수〉를 즐기며 데이터 정렬 방법도 배워볼까요?

엉망진창 로보샵

분해된 자신의 로봇을 머리, 팔, 다리 등 순차적으로 정확하게 조립하여 완전한 모습의 로봇으로 완성해가는 보드게임을 해봅시다.

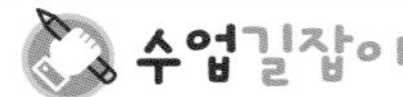

수업길잡이

난이도 ★★★★☆
소요시간 15분 이상
놀이인원 2~4인용
준비물 엉망진창 로보샵

소프트웨어 보드 놀이를 준비해요!

놀이 목표 엉망진창 로봇샵을 통해 알고리즘에 대해 알기

놀이 약속 로봇 부품 잃어버리지 않기

학교에서 이렇게 배워요!

놀이 활동 6학년 실과 : 6실04-08 절차적 사고에 의한 문제 해결의 순서를 생각하고 적용한다.

이 놀이는

알고리즘

분해된 자신의 로봇을 머리부터 순차적으로 정확하게 조립하여 높은 점수를 얻는 사람이 이기는 게임입니다. 놀이하는 과정에서 패턴과 색상, 모양을 정확하게 조립하며 자연스럽게 절차적 사고를 키울 수 있는 엉망진창 로보샵 보드게임을 해봅시다.

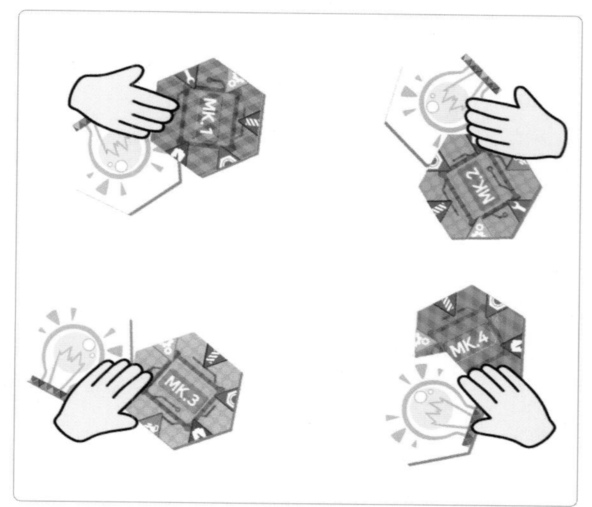

1 각 플레이어는 몸통 타일과 만능 타일 1개씩을 가져옵니다.

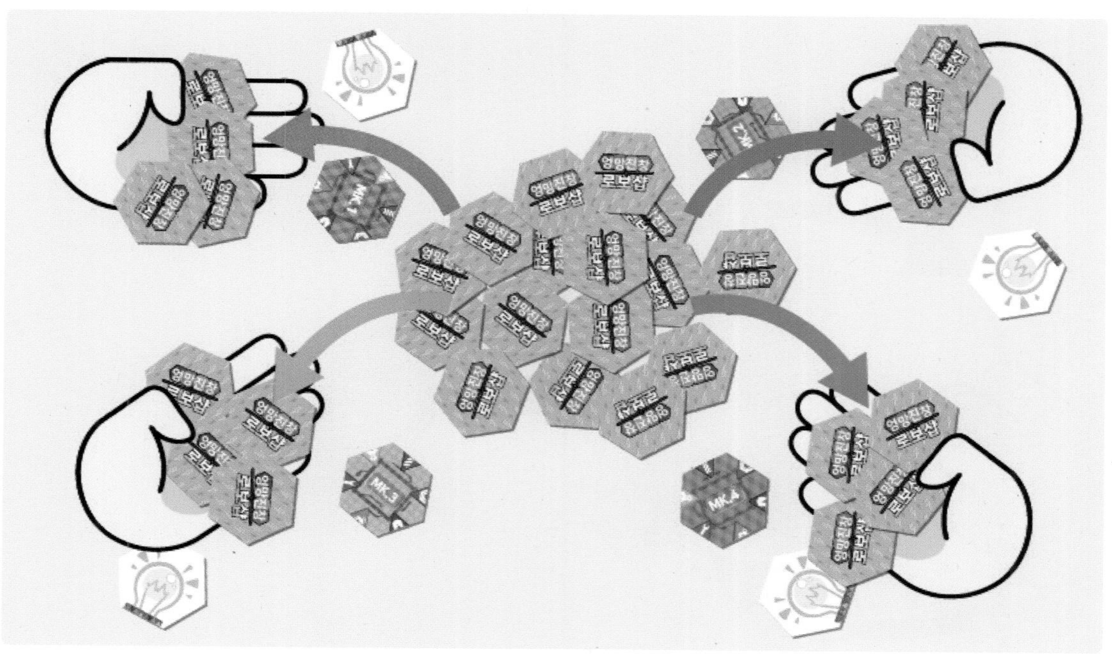

2 부품 타일을 뒤집어서 잘 섞은 뒤 각자 4개씩 가져와서 자신만 볼 수 있게 손에 들고 있습니다.

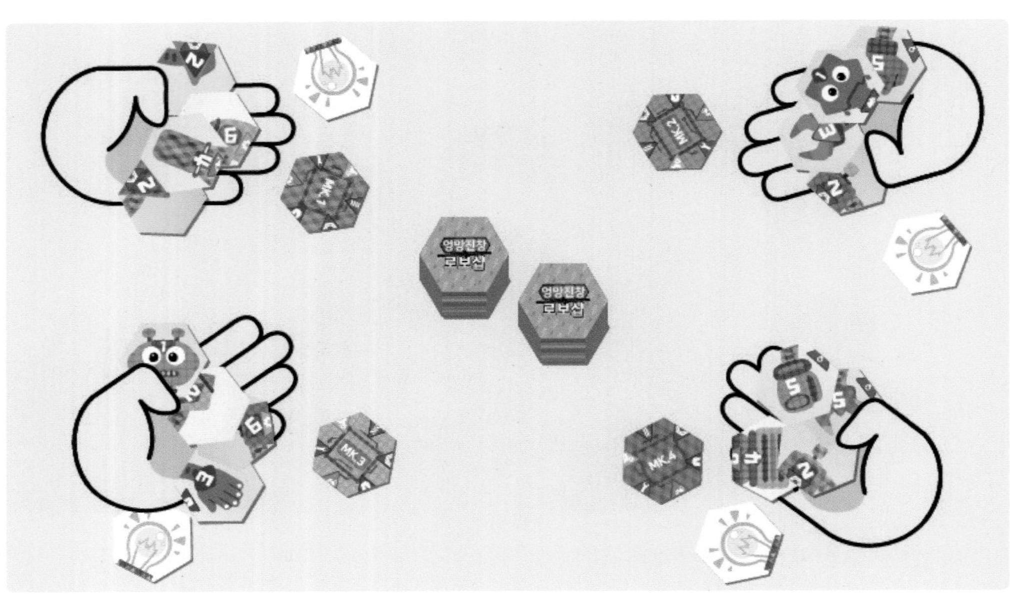

3 나머지 타일들을 2개의 더미로 만들어 테이블 가운데에 둡니다. 가위바위보로 선 플레이를 정한 후 시계 방향으로 플레이합니다.

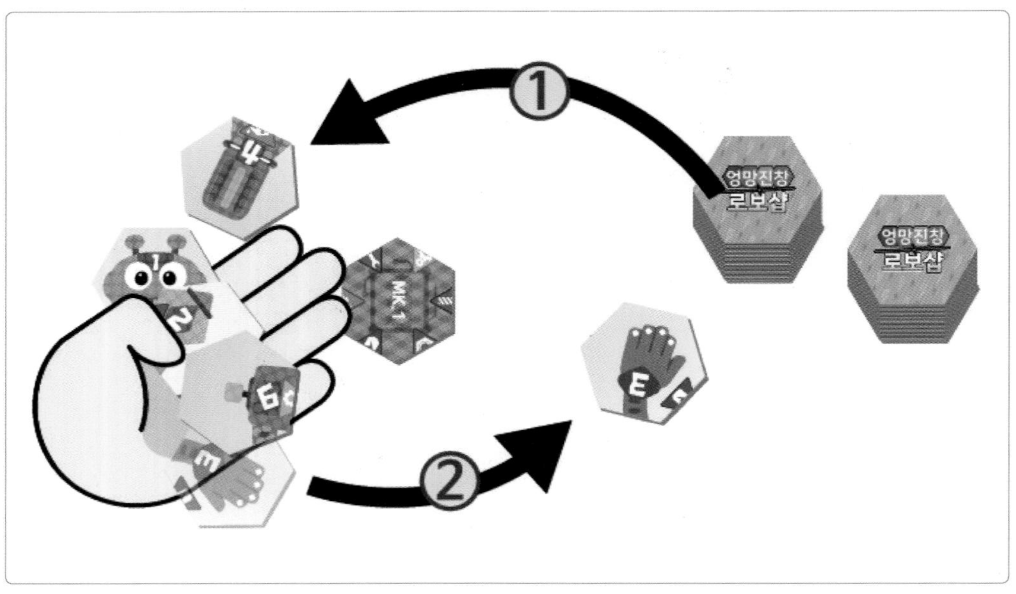

4 자신의 차례가 되면 다음 4가지 행동 중 하나를 할 수 있습니다. 첫째, 더미에서 타일을 하나 가져오고 타일 하나를 바닥에 펼칩니다. 모든 플레이어가 하나씩 바닥에 부품 타일을 내려 놓기 전에는 몸통 타일에 부품 타일을 붙일 수 없습니다.

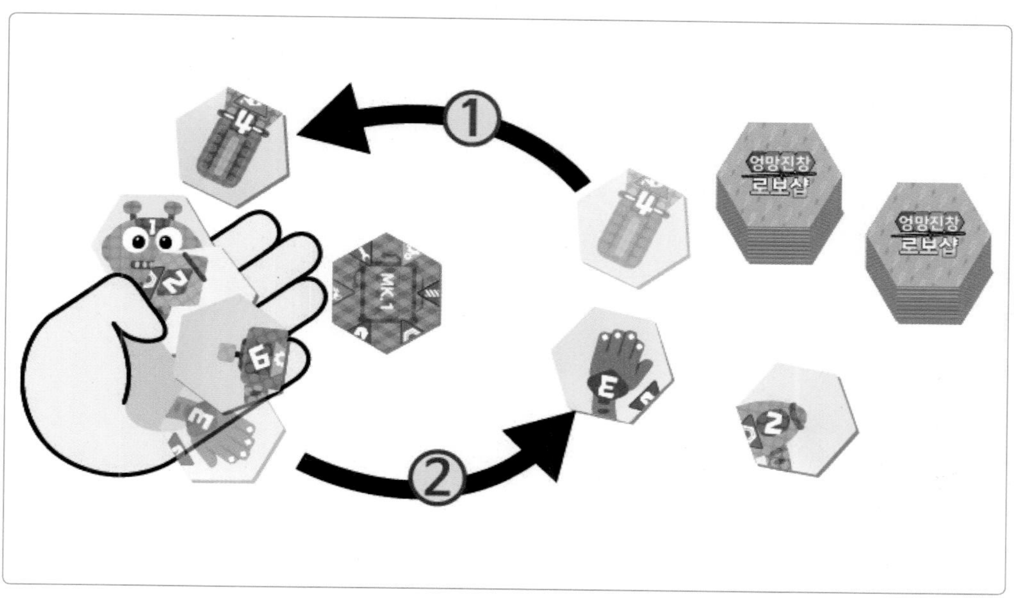

5 둘째, 바닥에 펼쳐진 부품 타일과 손에 있는 부품 타일을 바꿉니다.

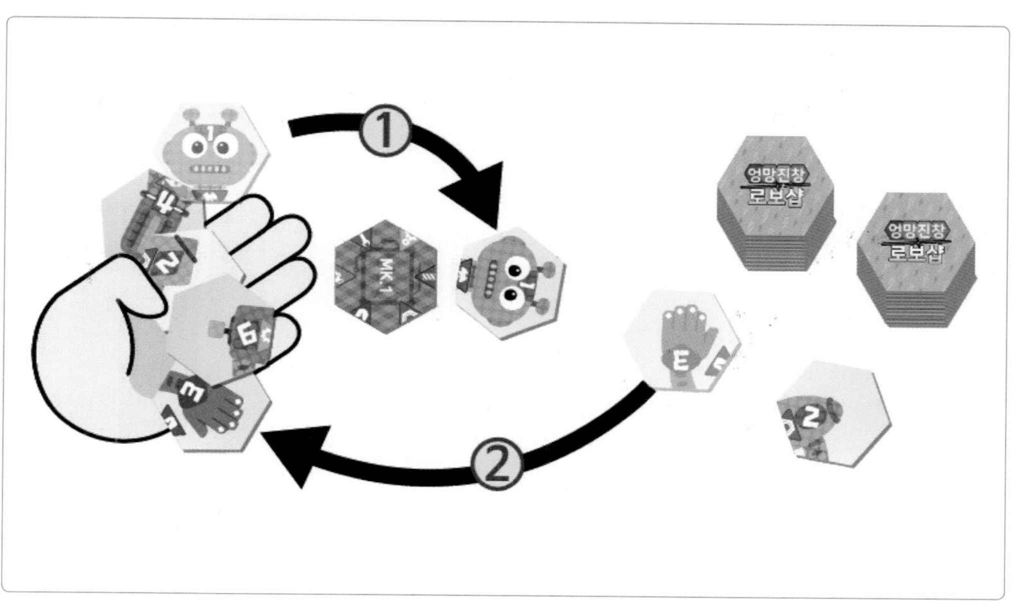

6 셋째, 손에 가지고 있는 부품 타일 중 하나를 몸통 타일에 있는 연결 아이콘에 맞춰 순서대로 붙이고, 바닥에 펼쳐진 부품 타일 하나를 가져옵니다. 몸통 타일에는 정해진 순서의 부품 타일이 있으므로 반드시 순서대로 붙여야 합니다.

– 이때, 부품 타일이 몸통과 정확히 같은 색깔과 패턴이라면 2개까지 연속으로 붙이고, 더미 또는 바닥에 있는 2개의 부품 타일을 가져올 수 있습니다.

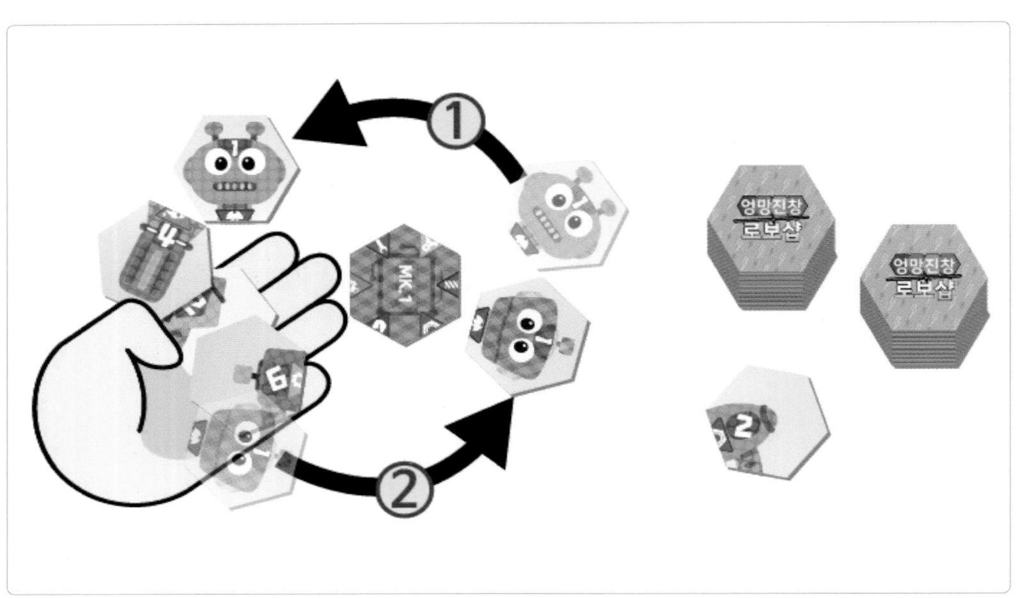

7 넷째, 자신의 몸통 타일에 붙은 부품 타일과 손에 있는 부품 타일을 바꿉니다.

8 만능 타일은 어떤 부분의 자리에도 붙을 수 있지만, 점수로 계산되지는 않습니다. 또한, 만능 타일을 붙이면 자신의 차례는 끝나게 됩니다.

9 한 플레이어가 자신의 몸통 타일에 6개의 부품 타일을 모두 붙이면 게임이 종료되며 점수 계산을 해서 승자를 가립니다.

놀이 Tip

점수를 계산해요!

(몸통 타일에 붙은 부품 타일의 개수 × 1)
+ (몸통 타일과 패턴이 같은 부품 타일의 개수 × 1)
+ (몸통 타일과 색깔이 같은 부품 타일의 개수 × 1)

	 몸통에 붙은 부품 5점  패턴이 같은 부품 1점  색이 같은 부품 2점 8점
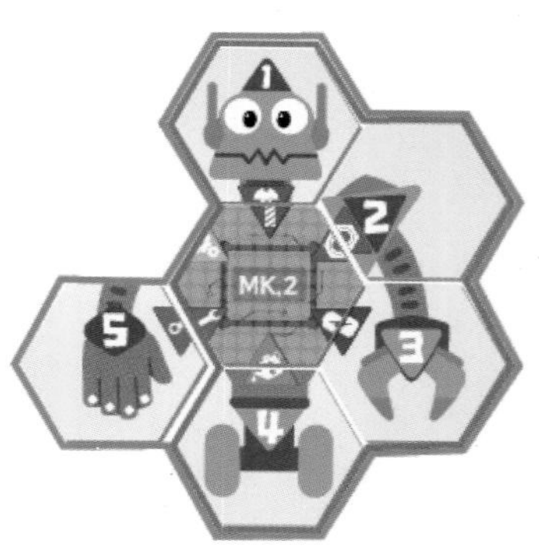	 몸통에 붙은 부품 5점 패턴이 같은 부품 0점  색이 같은 부품 4점 9점
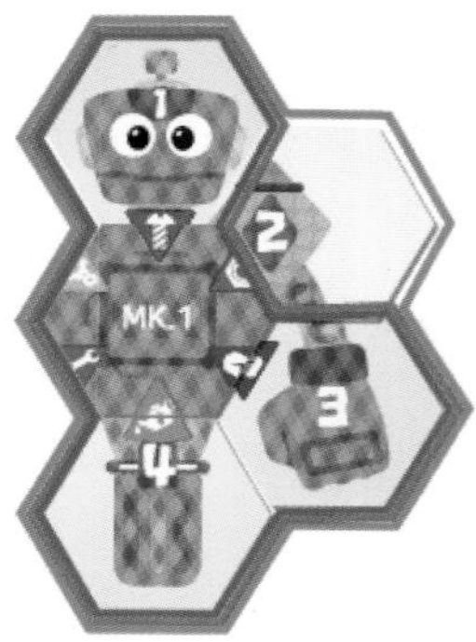	 몸통에 붙은 부품 4점 패턴이 같은 부품 3점 색이 같은 부품 3점 10점

사고력 더하기

★ 보드게임이 없다면 엉망진창 로보샵을 간단하게 만든 미니 보드게임을 해보세요.

1 부록에 있는 로봇 완성 카드와 부품 카드를 오려서 만든 후 부품 카드를 섞어 더미를 만들어 뒤집어 놓습니다.

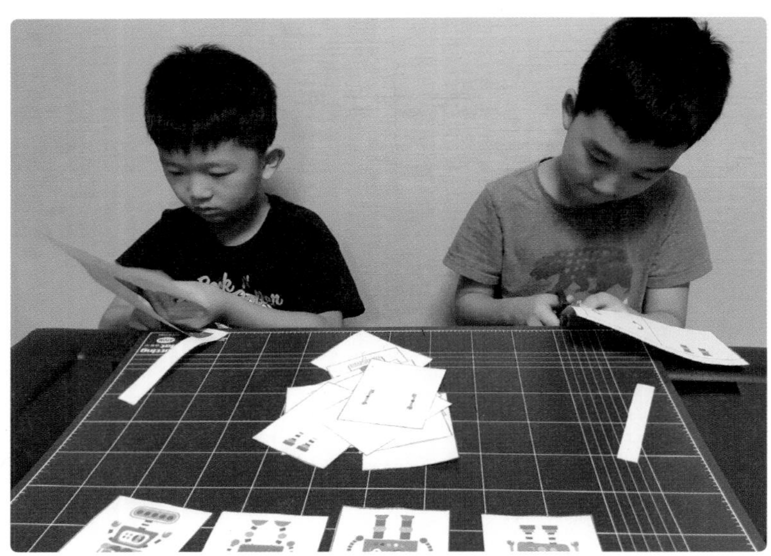

2 완성 카드에서 1장을 뽑아 자신이 완성해야 하는 로봇을 확인한 뒤 자신의 순서일 때 부품 카드 더미에서 또는 버려진 카드에서 1장씩 가져오고, 필요 없는 카드는 버립니다. 먼저 로봇을 완성한 사람이 승리하며 로봇을 완성할 때는 머리 – 몸통 – 팔 – 다리의 순서대로 놓습니다.

Special Page

보드게임으로 알고리즘을 배워요!

문제를 해결하기 위한 절차나 방법을 순서대로 나열하여 기록한 것을 알고리즘이라고 합니다. 예를 들어 맛있는 된장찌개를 끓이기 위해 요리 재료를 준비합니다. 그리고 〈된장찌개를 맛있게 끓이는 레시피〉에 따라 요리를 합니다. 요리가 끝난 결과 맛있는 된장찌개를 먹을 수 있게 되지요. 이때 준비하는 요리의 재료를 입력 데이터라고 할 수 있고, 맛있는 된장찌개를 출력되는 결과값이라고 할 수 있어요. 그리고 〈된장찌개를 맛있게 끓이는 레시피〉를 알고리즘이라고 할 수 있습니다. 정리하자면 알고리즘이란 "입력되는 데이터를 가지고 원하는 결과값을 출력할 수 있도록 하는 과정을 단계별로 순차적으로 표현한 것"을 말합니다. 즉, 〈입력되는 데이터〉를 〈출력되는 결과값〉으로 변환시키기 위한 절차를 정확하게 기술한 것이라고 할 수 있습니다.

된장찌개를 맛있게 끓이는 레시피

❶ 재료 : 두부 1/2모, 양파 1/2개, 감자 1/2개, 호박 1/3개, 대파 1/2개, 청양고추 2개, 된장 2스푼, 마늘 1/2스푼, 물 6컵, 다시마, 멸치 등

❷ 우선 냄비에 물 6컵을 넣고 다시마나 멸치 등 있는 재료를 이용해서 육수를 내줍니다. 육수가 끓으면 나머지 재료를 넣습니다.

엉망진창 로보샵에서도 이런 알고리즘을 배울 수 있습니다. 로봇의 부품들은 〈입력되는 데이터〉입니다. 게임이 끝난 후 완성된 로봇은 〈출력되는 결과값〉이라고 할 수 있지요. 그리고 게임의 과정, 즉 부품들을 차례대로 조합하여 로봇을 조립해가는 절차들을 〈알고리즘〉이라고 할 수 있지요. 재미있는 게임도 하고, 알고리즘에 대해서도 배울 수 있는 〈엉망진창 로보샵〉 보드게임을 해볼까요?

버그캐치

빅데이터 시대에 갖춰야 하는 데이터 수집 및 데이터 분석 능력, 그리고 비판적 사고력을 키워주는 카드형 보드게임을 해봅시다.

수업길잡이

난이도 ★★★☆☆
소요시간 15분 이상
놀이인원 2~4인용
준비물 버그캐치

소프트웨어 보드 놀이를 준비해요!

놀이 목표 버그캐치를 통해 디버깅에 대해 알기
놀이 약속 카드 정리 잘 하기

학교에서 이렇게 배워요!

놀이 활동 6학년 실과 : 6실04-08 절차적 사고에 의한 문제 해결의 순서를 생각하고 적용한다.

디버깅

3개의 주사위를 굴려 해당하지 않는 버그를 잡아내는 게임입니다. 다섯 마리의 버그 로봇을 잡아내는 과정에서 오류를 찾고 수정하는 디버깅의 과정을 이해하고 절차적 사고를 키울 수 있는 버그캐치 보드게임을 해봅시다.

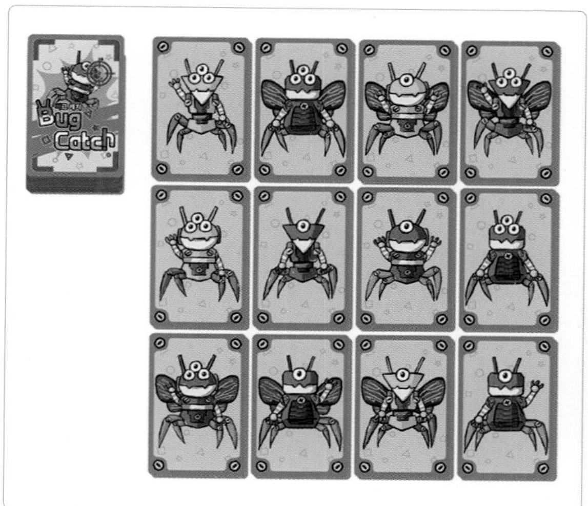

1 버그 카드 12장을 4×3 형태로 펼쳐 놓습니다. 남은 카드들은 뒤집어서 더미로 쌓아둡니다.

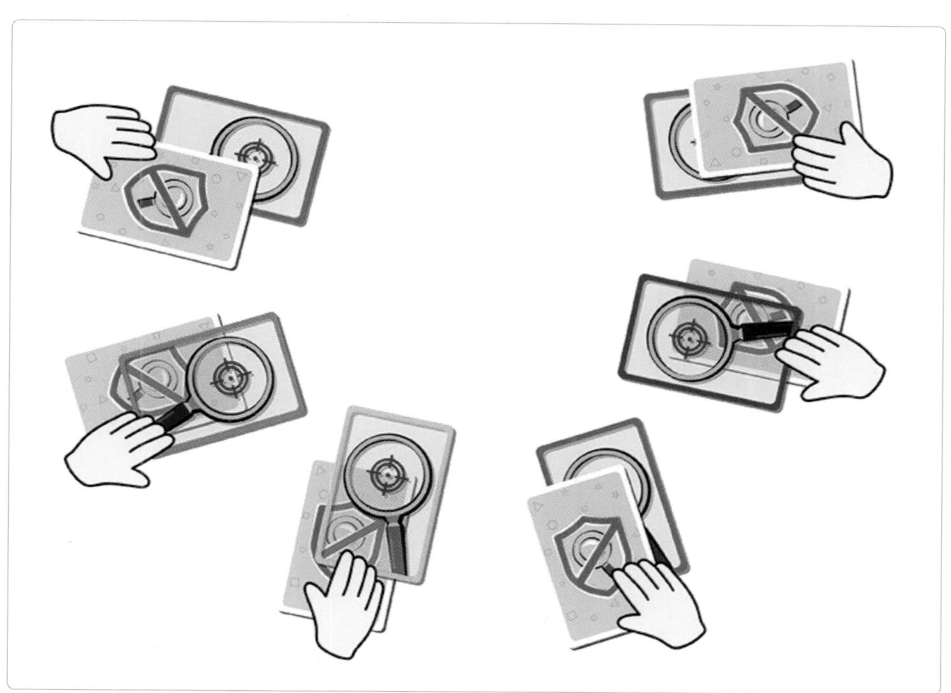

2 플레이어들은 자신이 원하는 색의 디버깅 카드와 프로텍트 카드를 한 장씩 가져갑니다.

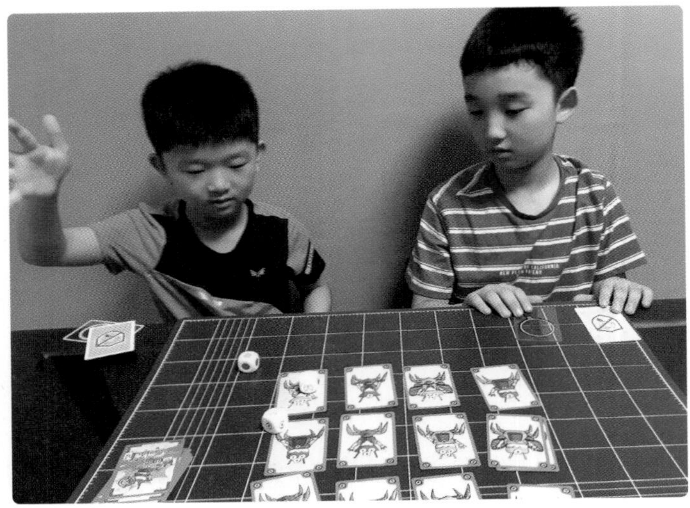

3 플레이어 중 가장 나이가 어린 플레이어가 서치 스톤(주사위) 3개를 던집니다. 모든 플레이어는 서치 스톤에 나타난 3가지 특징에 모두 해당되지 않는 버그 카드를 찾습니다.

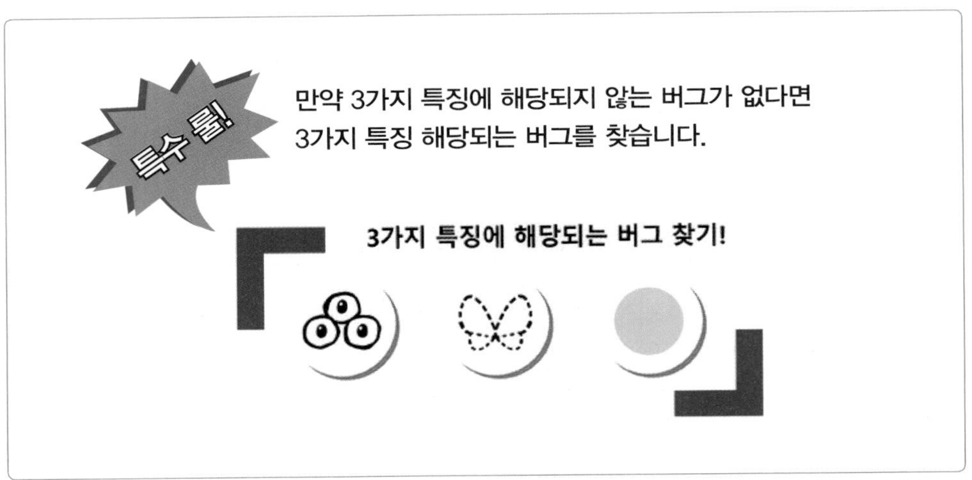

4 만약 3가지 특징에 해당되지 않는 버그가 없다면 3가지 특징에 해당되는 버그를 찾습니다.

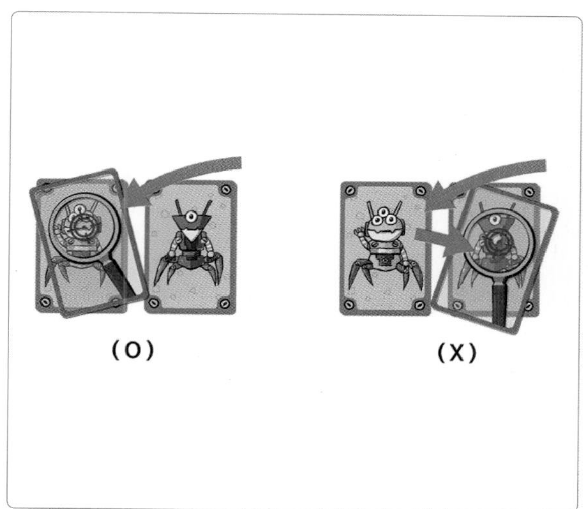

5 버그를 찾아낸 플레이어는 캐치라고 외치며 자신이 가지고 있던 디버깅 카드를 이용하여 카드에 그려진 버그 로봇을 덮습니다. 디버깅 카드가 버그 카드에 닿는 순간 다시 위치를 바꿀 수 없습니다.

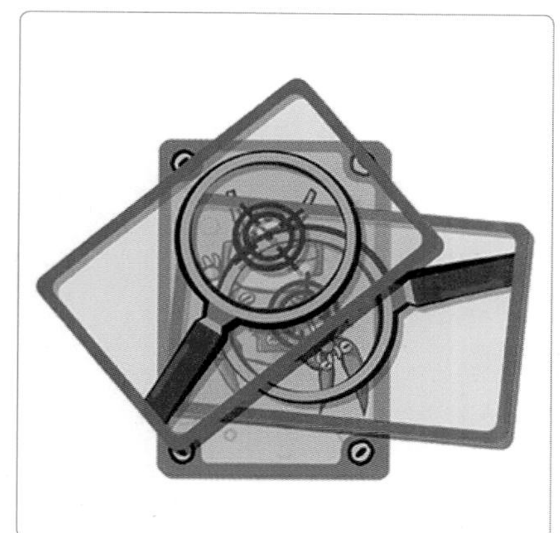

6 자신의 디버깅 카드로 버그 카드 위를 먼저 덮은 플레이어가 정답이라면 해당 버그 카드를 가져갑니다.

- 만약 버그 카드 위에 2장 이상의 디버깅 카드가 올려진 경우 제일 아래쪽에 놓인 디버깅 카드의 해당 플레이어가 카드를 가져갑니다.
- 만약 디버깅 카드에 그려진 돋보기 안에 버그 로봇의 얼굴 부분이 들어가지 않는다면 버그 로봇을 잡은 것으로 인정되지 않습니다.

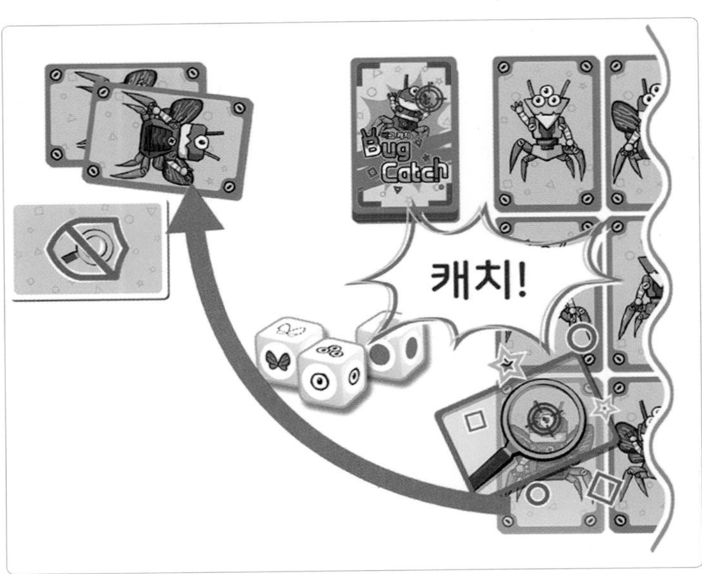

7 획득한 버그 카드는 자신의 앞에 더미로 쌓아둡니다.

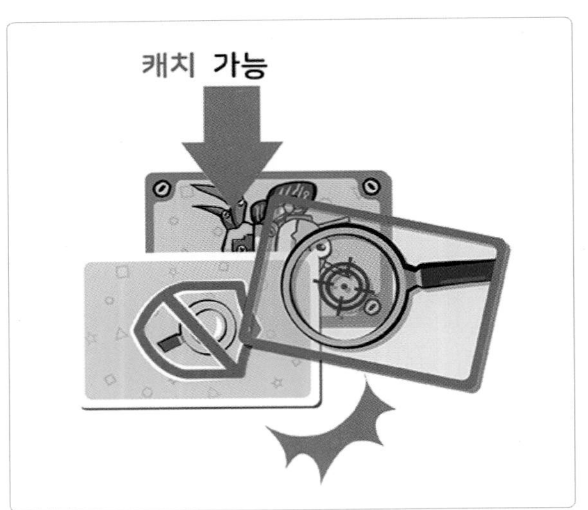

8 만약 더미의 가장 위에 있는 버그 카드가 캐치 조건에 해당하면 바닥에 깔린 버그 카드와 동일하게 간주되어 다른 플레이어에 의해 캐치될 수 있습니다. 이때 프로텍트 카드를 이용해 자신의 버그 카드를 지킬 수 있습니다.

9 만약 캐치 조건에 맞지 않는 자신의 버그 카드를 프로텍트 카드로 보호했다면 해당 버그 카드는 더미의 맨 아래로 보내집니다.

– 더미에 더 이상 카드가 남지 않은 경우를 제외하고 바닥에 깔린 버그 카드의 수는 항상 12장을 유지해야 합니다. 만약 더 이상 캐치 조건에 해당되는 버그 카드가 바닥에 없다면 다음 플레이어 차례가 돼서 주사위를 굴립니다.

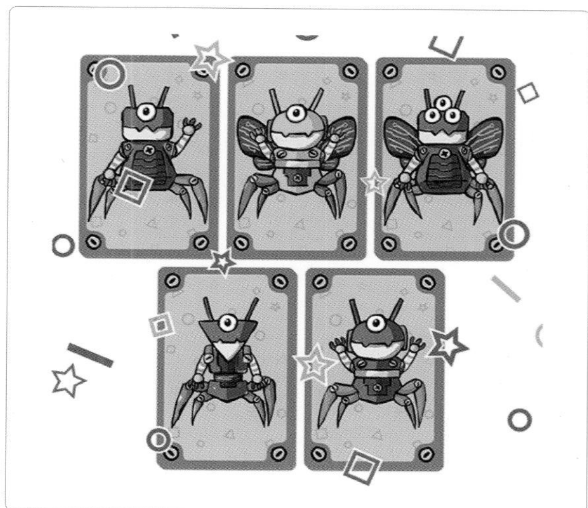

10 5장의 버그 카드를 먼저 모은 플레이어가 승리합니다.

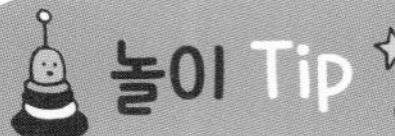

확장 규칙을 적용해요!

같은 특징을 가진 5장의 카드를 먼저 모은 플레이어가 승리하도록 규칙을 바꿔서 적용할 수도 있어요.

예시 1) 눈의 개수가 같은 버그 로봇

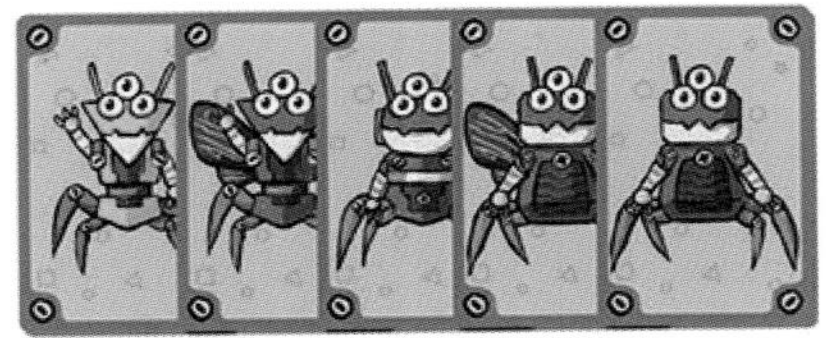

예시 2) 색이 같은 버그 로봇

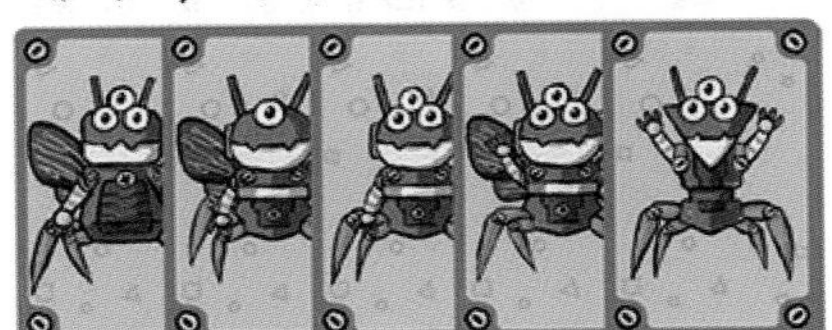

예시 3) 날개가 없는 버그 로봇

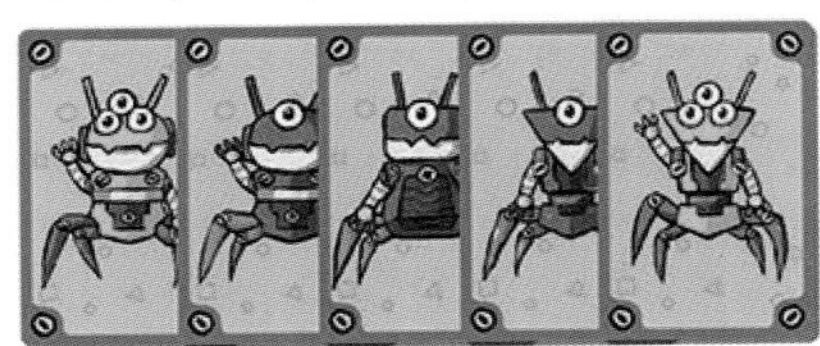

＊ 보드게임이 없다면 잘못된 부분을 찾는 디버깅 게임을 해봅시다.

다음 왼쪽 그림을 오른쪽에 똑같이 그리는 과정에서 실수를 했습니다. 잘못 그려진 부분을 찾아 ○ 표시를 해봅시다(각 8개씩 있습니다).

※ 정답은 추가 부록 자료(p108 참조)에서 확인할 수 있습니다.

코드스타

별에 흩어진 원소를 모아 외계인에게 전달하고 우주선으로 가장 빨리 복귀하는 플레이어가 승리하는 보드게임을 해봅시다.

수업길잡이

난이도 ★★★★☆
소요시간 20분 이상
놀이인원 2~4인용
준비물 코드스타

소프트웨어 보드 놀이를 준비해요!

놀이 목표 코드스타를 통해 프로그래밍에 대해 알기

놀이 약속 원하는 위치로 가기 위해 필요한 명령 카드가 무엇일지 잘 생각하기

학교에서 이렇게 배워요!

놀이 활동 6학년 실과 : 6실04-09 프로그래밍 도구를 사용하여 기초적인 프로그래밍 과정을 체험한다.

프로그래밍

외계인에게 도움을 주기 위해 여기저기 흩어져 있는 원소를 모아 외계인에게 선물하고 안전하게 우주선으로 돌아오는 게임입니다. 게임을 하는 과정에서 순차, 반복, 함수와 같은 프로그래밍의 핵심 원리를 습득할 수 있는 코드스타 보드게임을 해봅시다.

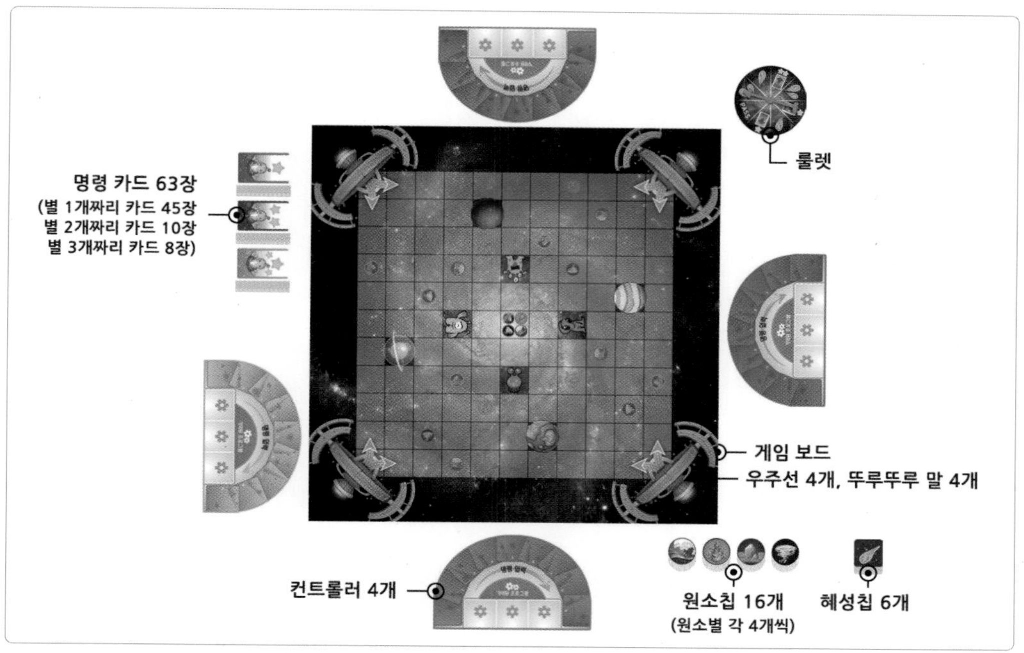

1 플레이어는 4개의 우주선 중 하나를 선택하여 네 모서리 중 원하는 곳에 놓고 뚜루뚜루 말을 올립니다. 게임 준비가 끝나면 선 플레이어부터 시작하고 시계 방향으로 게임을 진행합니다.

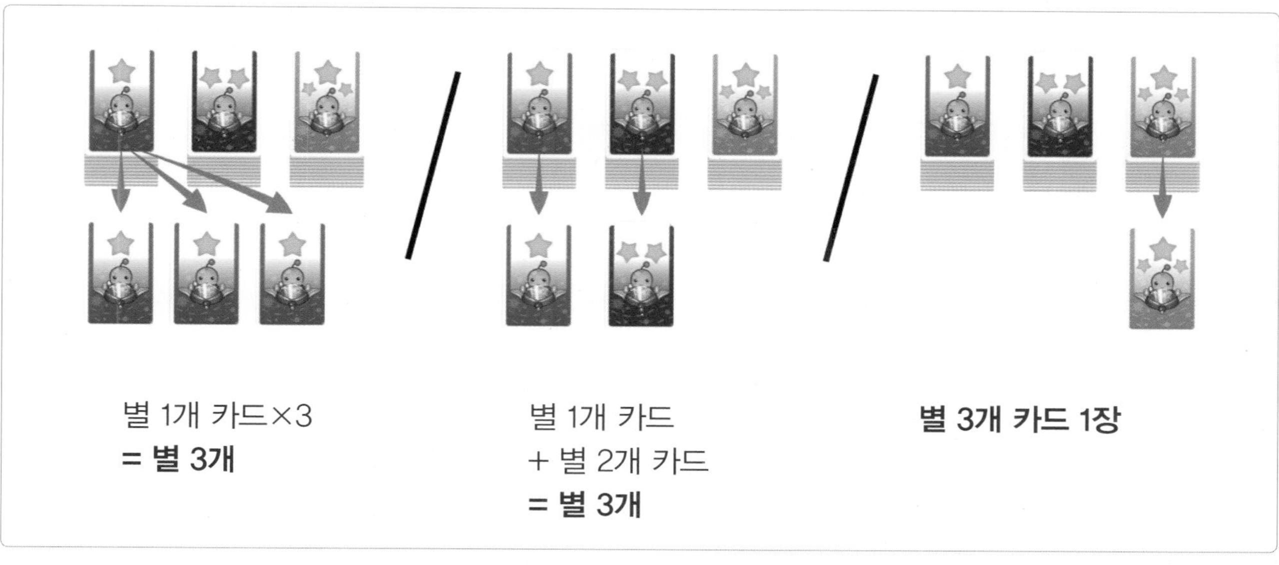

2 자신의 차례가 되면 다음 3가지 행동 중 하나를 할 수 있습니다. 첫째, 명령 카드 가져오기입니다. 명령 카드 모음에서 별 3개만큼의 카드를 가져옵니다. 별 1개 카드를 3장 가져오거나 별 1개 카드 1장과 별 2개 카드 1장을 가져올 수 있습니다. 또는 별 3개 카드 1장만 가지고 올 수도 있습니다.

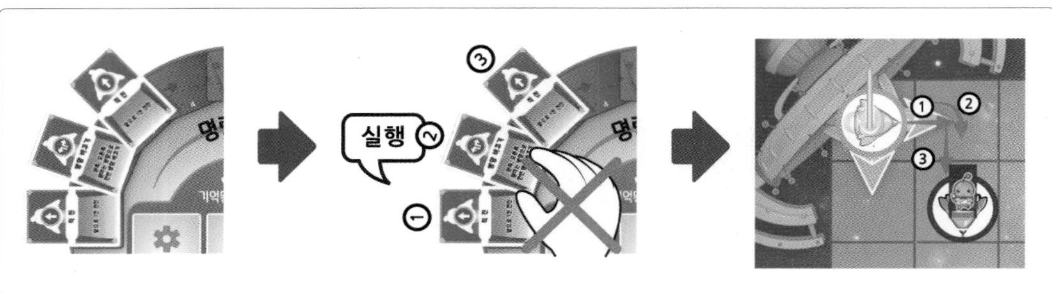

3 둘째, 이동하기입니다. 가지고 온 명령 카드를 컨트롤러에 내려놓고 순서대로 우주선이나 뚜루뚜루를 이동시킵니다.

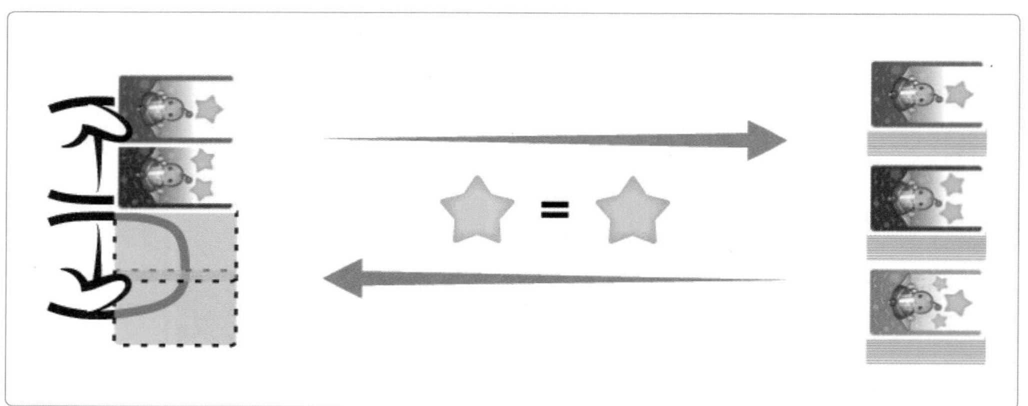

4 셋째, 교환하기입니다. 명령 카드를 원하는 만큼 교환할 수 있습니다. 단, 별의 개수가 같은 카드끼리만 가능합니다.

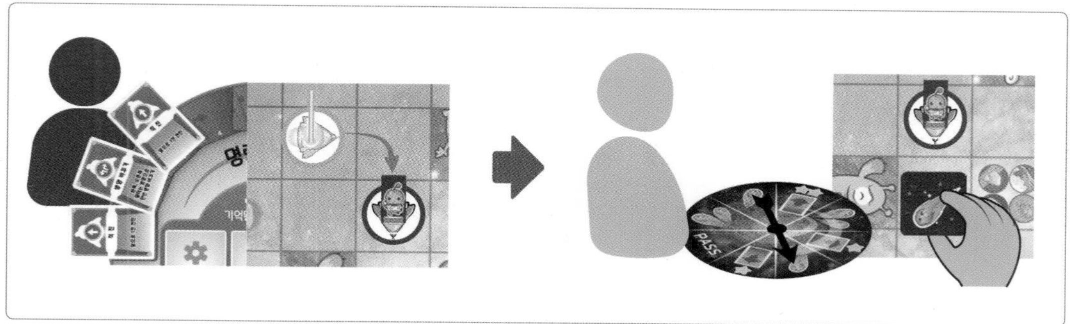

5 플레이어가 3가지 행동 중 하나를 마치면 오른쪽에 있는 플레이어는 룰렛을 돌려 나온 내용을 보고 명령 카드를 가져오거나 혜성으로 진로를 방해할 수 있습니다.

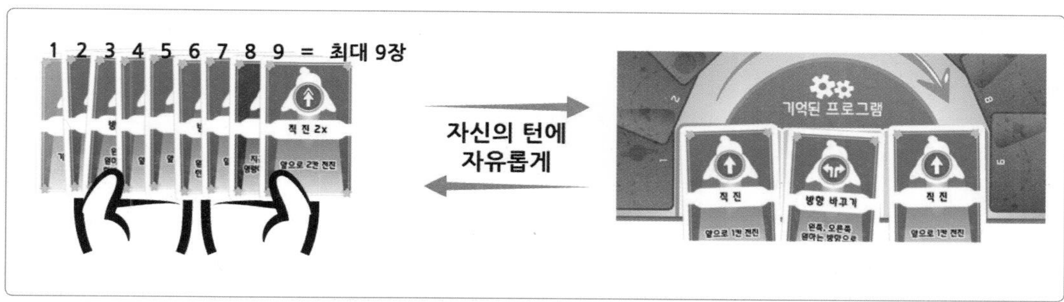

6 플레이어는 최대 9장의 명령 카드를 가지고 있을 수 있습니다. 단, 기억된 프로그램 칸에 올려진 카드는 이 수량에서 제외됩니다.

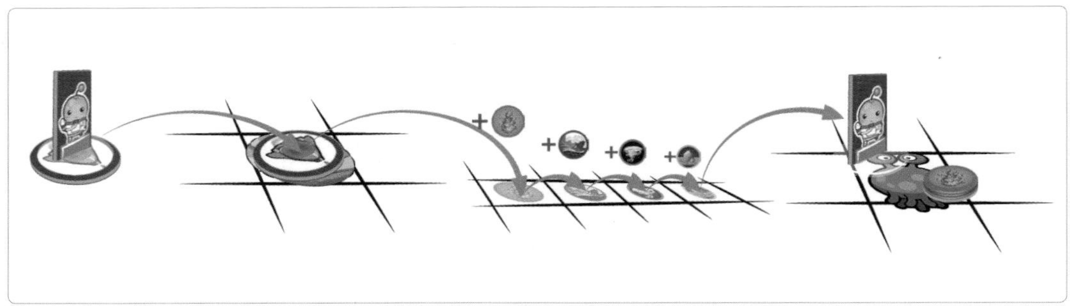

7 뚜루뚜루를 태운 우주선이 행성에 도착하면 뚜루뚜루는 우주선에서 내려 각각의 원소를 모아 외계인에게 주어야 합니다.

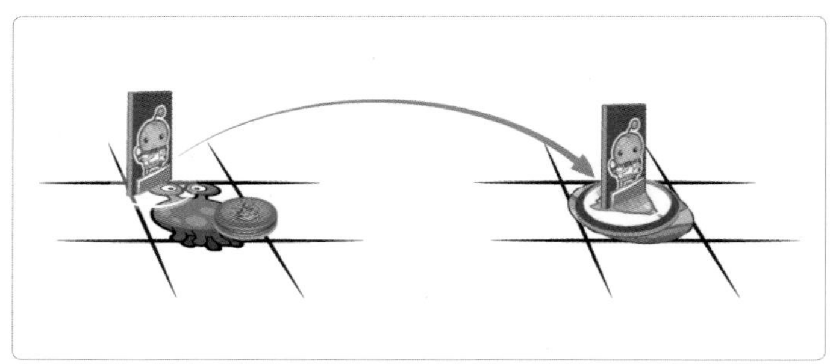

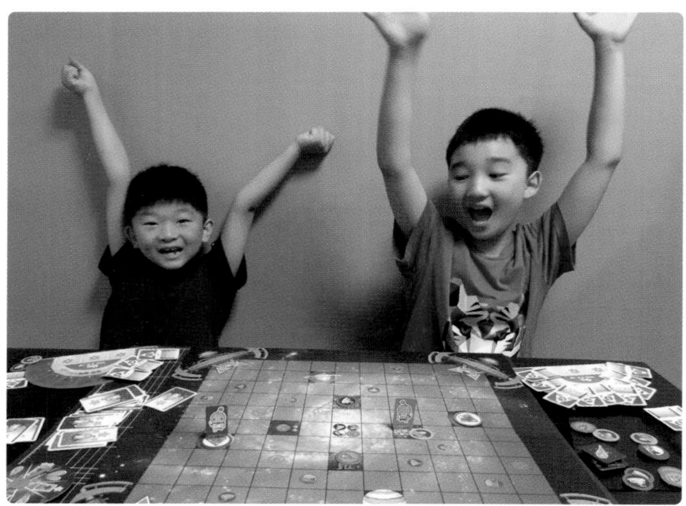

8 자신이 원하는 외계인에게 정해진 개수의 원소칩(최대 4개)을 올려놓고 우주선으로 돌아오면 게임이 끝납니다.

놀이 Tip

다른 보드게임에 비해 구성품이 많아요! 어떤 부품이 있는지 꼼꼼하게 확인하세요!

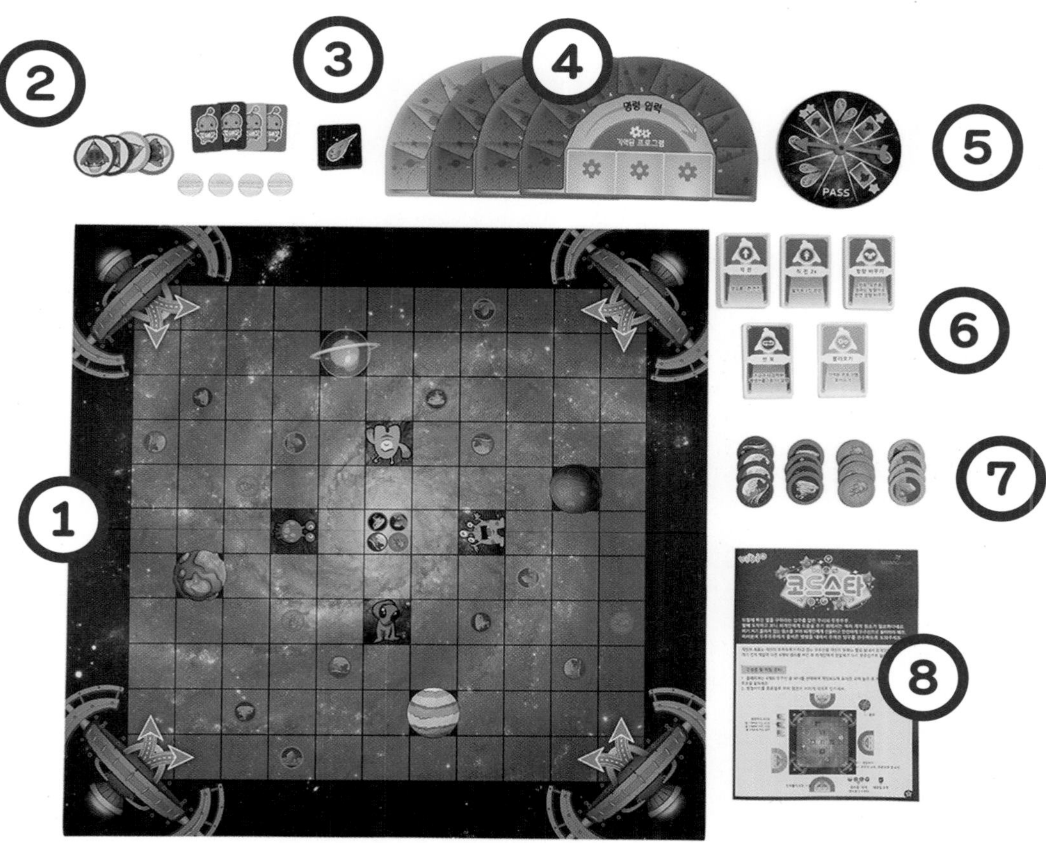

❶ 게임 보드판	게임이 진행되는 보드판 1개
❷ 우주선 말	플레이어의 위치를 나타내는 말판 4개
❸ 혜성칩	플레이어의 진로를 방해할 수 있는 칩 6개
❹ 컨트롤러	플레이어의 명령 카드를 놓을 수 있는 판 4개
❺ 룰렛	플레이어를 방해하거나 카드를 더 얻을 수 있도록 해주는 돌림판 1개
❻ 명령 카드	뚜루뚜루와 우주선을 이동하도록 하는 카드 63장
❼ 원소칩	게임에서 이기기 위해 모아야 하는 구성 요소 16개
❽ 설명서	게임 방법과 규칙을 설명한 문서

* 보드게임이 없다면 다음 컨트롤러에 명령 카드를 놓으며 프로그램을 만들어 봅시다.

1 부록에서 컨트롤러와 명령 카드를 오리고 게임을 준비합니다. 필요한 명령 카드는 직접 만들어서 활용합니다.

2 컨트롤러에 명령 카드를 올리고 실행합니다. 명령을 받은 친구(또는 부모님)는 명령에 따라 움직여 봅니다.

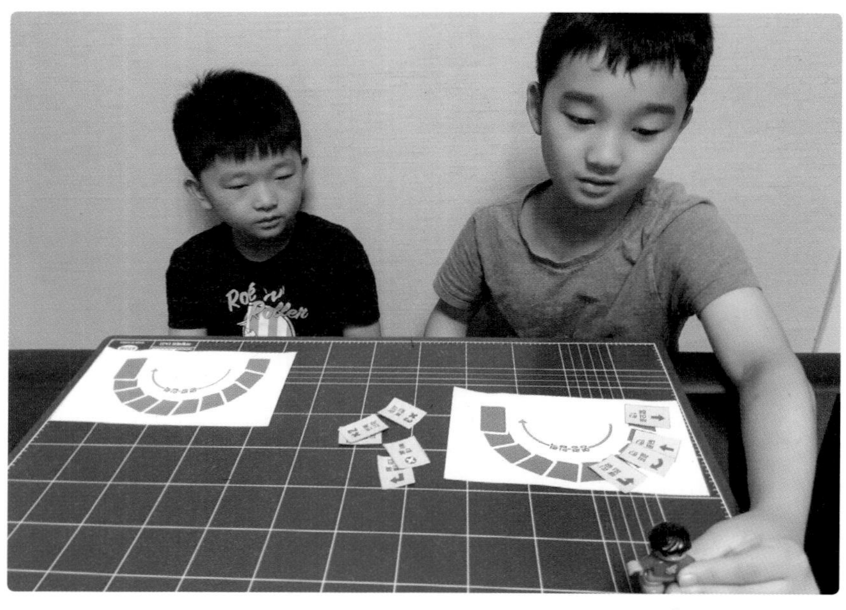

Special Page

보드게임으로 프로그래밍을 배워요!

프로그래밍 또는 코딩이란 특정한 프로그래밍 언어를 이용해 구체적인 컴퓨터 프로그램으로 구현하는 기술을 의미합니다. 프로그램이란 이렇게 프로그래밍된 결과물로서 컴퓨터가 어떤 특정한 작업을 수행할 때 필요한 명령어들을 모아놓은 것을 말하지요. 또한, 일반적으로 프로그램을 소프트웨어라고도 많이 이야기하는데, 소프트웨어는 프로그래밍 언어로 코딩된 프로그램뿐 아니라 CD, 설명서, 제품 포장 등 패키지 전체를 뜻하기도 합니다. 아래 그림은 블록형 프로그래밍 언어인 엔트리로 작성한 〈시각 읽기〉 프로그램 중 일부입니다. 블록 명령어로 작성한 이 프로그램을 실행하면 명령에 따라 화면상의 오브젝트(캐릭터 등)가 움직입니다.

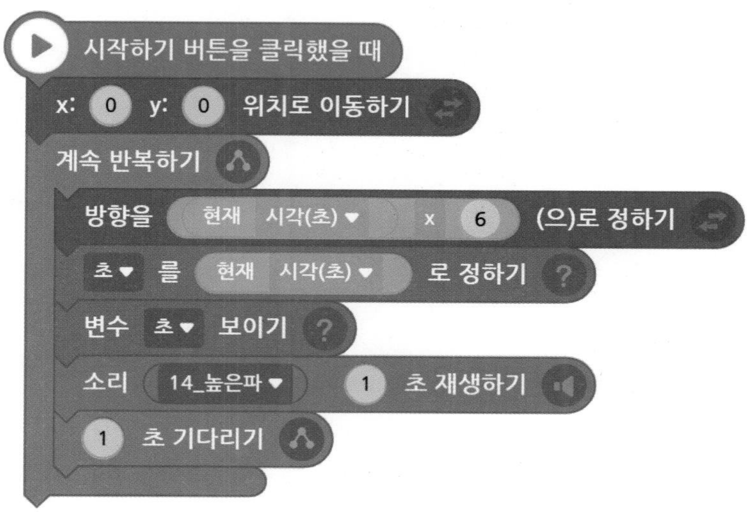

코드스타 보드게임을 할 때도 이런 프로그래밍의 과정을 경험할 수 있습니다. 컨트롤러에 필요한 명령 카드를 내려놓고, 그 명령 카드대로 우주선이나 뚜루뚜루를 움직일 수 있는 것이죠. 신나게 코드스타 보드게임도 즐기고 프로그래밍도 경험해보는 것은 어떨까요?

ESC

로봇 폐기장에서 ESC 로봇이 탈출할 수 있도록 함께 협력하여 조건 미션을 수행함으로써 사탕을 모으는 보드게임을 해봅시다.

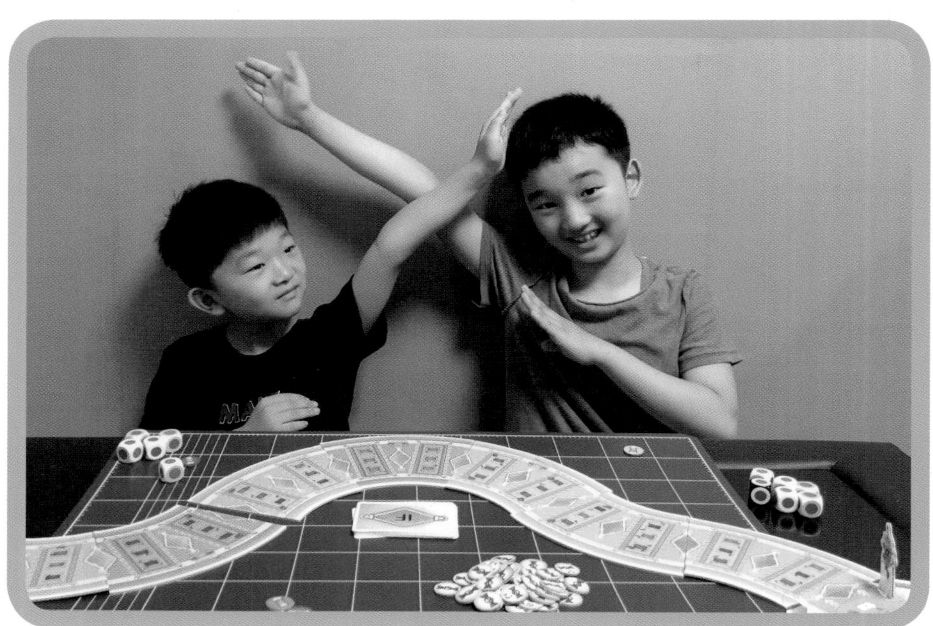

수업길잡이

난이도 ★★★★☆
소요시간 20분 이상
놀이인원 2~4인용
준비물 ESC

소프트웨어 보드 놀이를 준비해요!

놀이 목표 ESC를 통해 알고리즘에 대해 알기

놀이 약속 타일 연결에 따라 넓은 놀이 공간 확보하기

학교에서 이렇게 배워요!

놀이 활동 6학년 실과 : 6실04-08 절차적 사고에 의한 문제 해결의 순서를 생각하고 적용한다.

i=1
i<9
실행코드
알고리즘

로봇 폐기장에서 로봇을 탈출시키기 위해 조건 미션을 수행하며 사탕을 모으는 게임입니다. 게임하는 과정에서 문제를 해결하는 방법이나 전략을 세우며 컴퓨팅 사고력을 키우는 ESC 보드게임을 해봅시다.

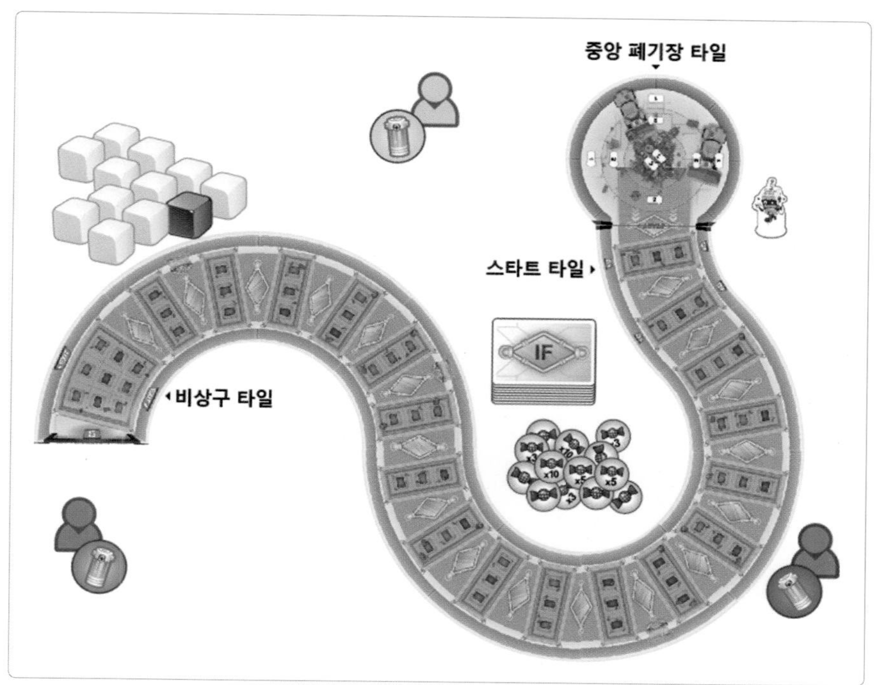

1 각자 자신이 원하는 에너지바 토큰을 1개씩 가져가고 중앙 폐기장 타일과 스타트 타일을 연결한 후 압축 통로 타일들을 원하는 대로 자유롭게 연결합니다. 마지막에 비상구 타일을 연결해 완성합니다.

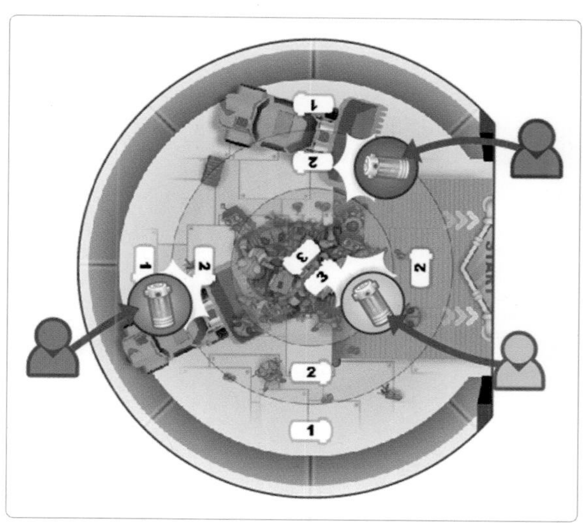

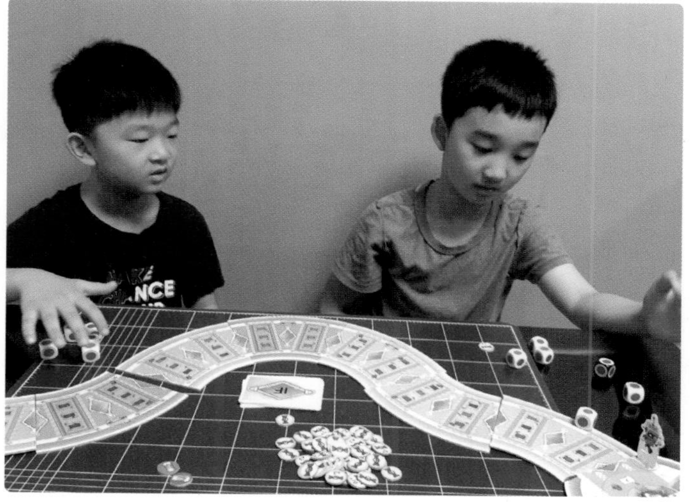

2 게임을 시작하기 위해 잠이 든 ESC를 깨워야 합니다. 중앙 폐기장에 에너지바 토큰을 던져 해당 숫자만큼의 사탕을 얻습니다. 그리고 큐브를 똑같이 나누어 줍니다. 사탕을 가장 많이 얻은 플레이어가 선 플레이어가 되고, 리더 큐브 1개를 먼저 가져가 사용합니다. 모두 사탕을 얻은 후 [START]라고 적힌 곳에 ESC를 올려놓습니다.

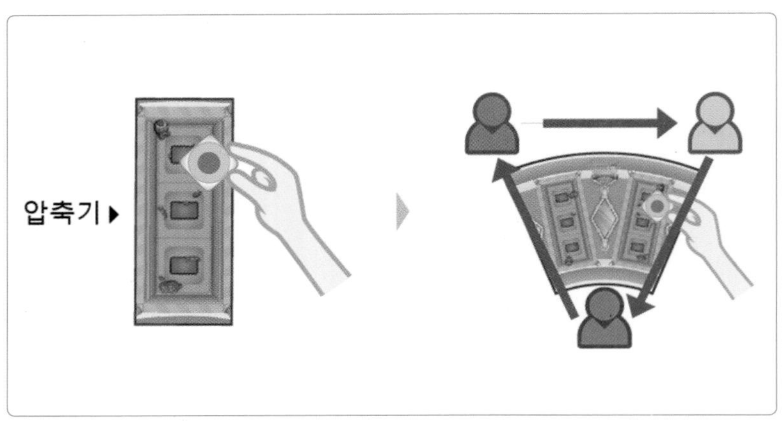

3 모두 자신의 큐브를 굴리고 선 플레이어부터 차례대로 진행합니다. 자신의 차례에 다음 3가지 중 하나의 행동을 합니다. 첫째, 큐브 1개를 압축기에 입력 후 왼쪽 플레이어에게 차례를 넘길 수 있습니다.

– 자신이 가진 큐브 중 1개를 압축기에 놓고 길을 만듭니다. 이때 압축기에 표시된 색과 같은 큐브만 사용할 수 있습니다.

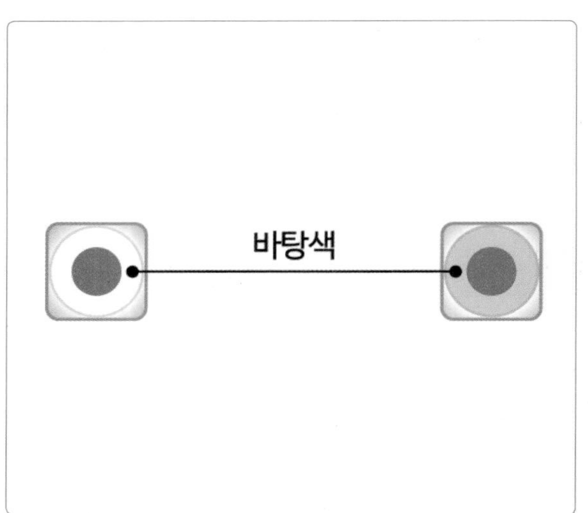

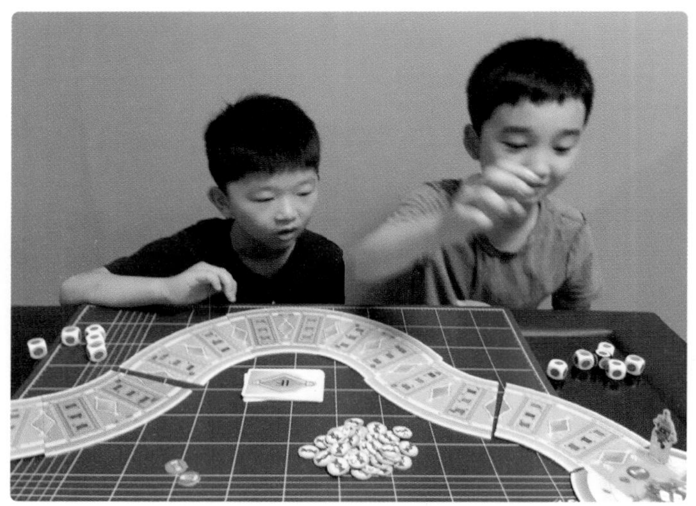

4 둘째, 흰 바탕의 큐브를 다시 굴립니다. 흰 바탕의 큐브는 원하는 색이 나올 때까지 다시 굴릴 수 있지만 노란 바탕이 나오면 더는 굴릴 수 없습니다.

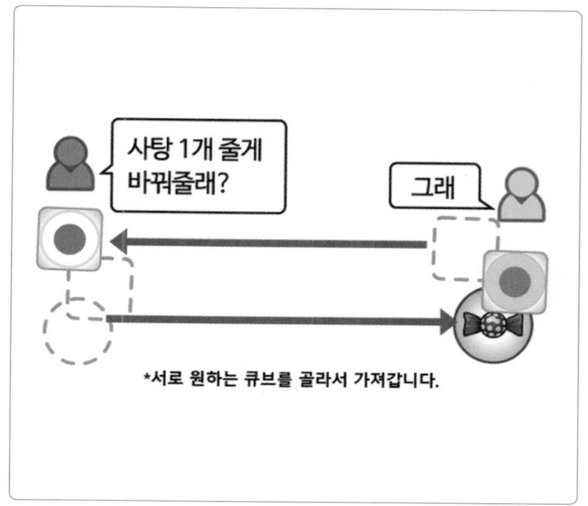

5 셋째, 다른 플레이어에게 사탕 1개를 주고 큐브 1개씩을 서로 교환할 수 있습니다. 이때 상대 플레이어는 교환을 거부할 수 있습니다. 만약 입력 또는 교환이 불가하다면 큐브를 회수할 때까지 남은 큐브가 있어도 입력할 수 없습니다.

6 모든 플레이어가 더 입력할 수 없다면 가득 채워진 압축기의 다음 안전지대로 ESC 말을 옮깁니다. 그리고 자신이 사용한 큐브 개수만큼 사탕을 얻고 큐브들을 회수합니다. 이때 ESC를 다음 칸으로 이동하지 못했더라도 사용된 큐브만큼 사탕을 받습니다.

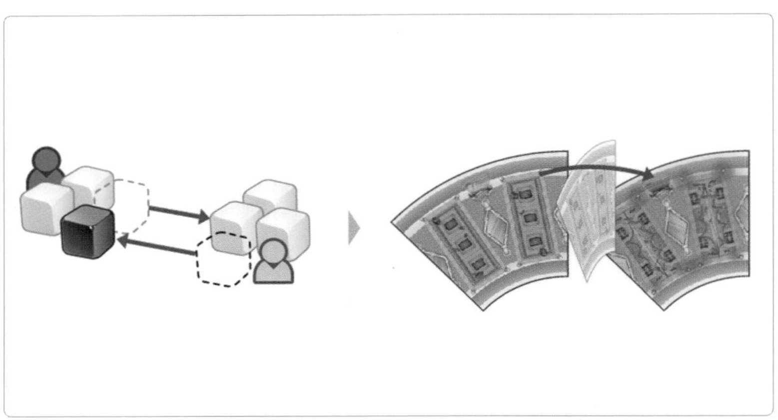

7 사용했던 큐브들을 회수했다면 리더 큐브를 왼쪽 플레이어에게 전달하고 압축 통로 타일 1개를 뒤집습니다.

8 리더 큐브를 가진 플레이어가 IF 카드 더미의 맨 위 1장을 모두가 볼 수 있게 펼칩니다. 그리고 카드에 표시된 미션을 수행하고 성공한 플레이어는 사탕을 얻습니다.

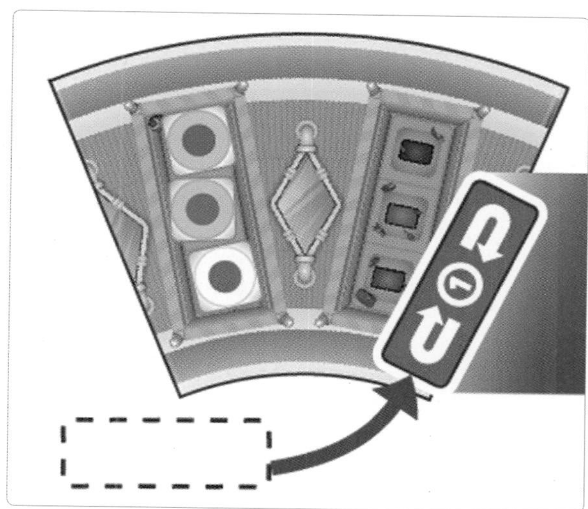

9 큐브 대신 반복 타일 사용으로 ESC를 더 멀리 이동시킬 수 있습니다.
- 반복 타일 사용은 차례를 소모하지 않고, 공동 소유입니다.
- 반복 타일은 미션을 통해 얻습니다.

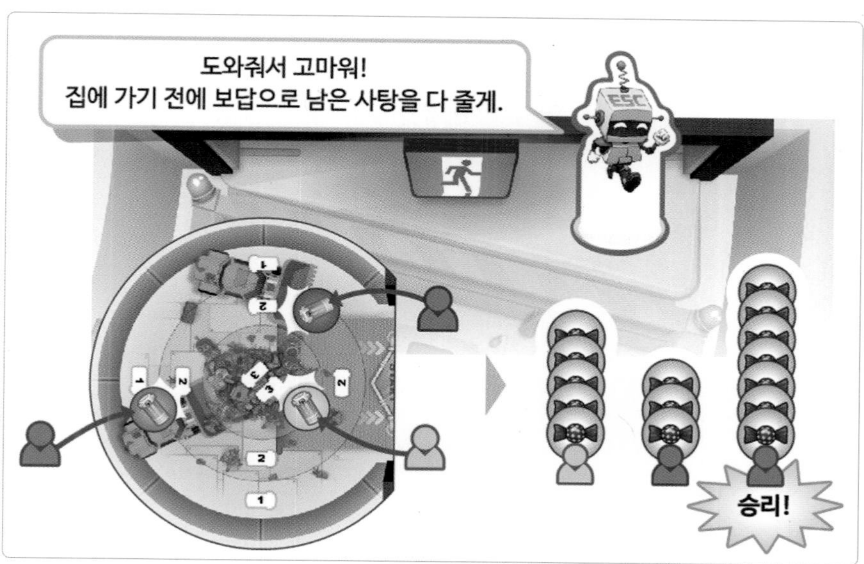

10 ESC가 비상구 타일까지 도착했다면 집까지 잘 돌아갈 수 있도록 에너지를 주어야 합니다. 잠을 깨울 때처럼 각자 중앙 폐기장 타일에 에너지바 토큰을 던지고 사탕을 얻습니다. ESC가 탈출하는데 도움을 주고 얻은 사탕이 가장 많은 플레이어가 게임에서 승리합니다.

놀이 Tip

타일을 다양하게 연결할 수 있어요!

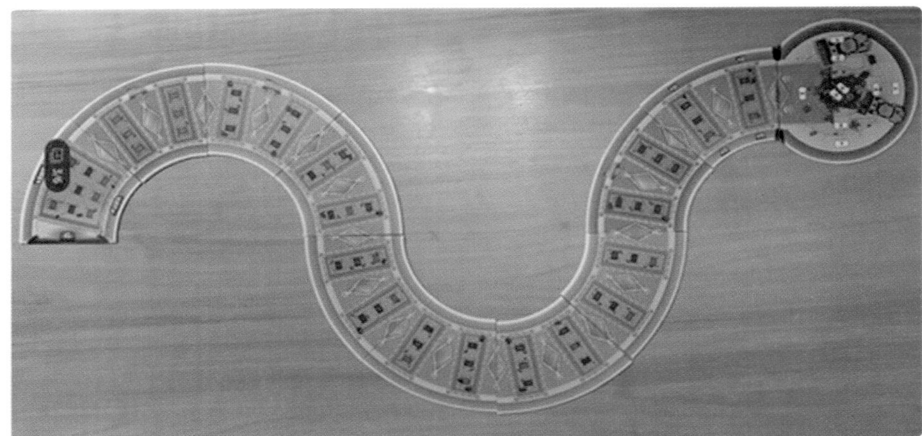

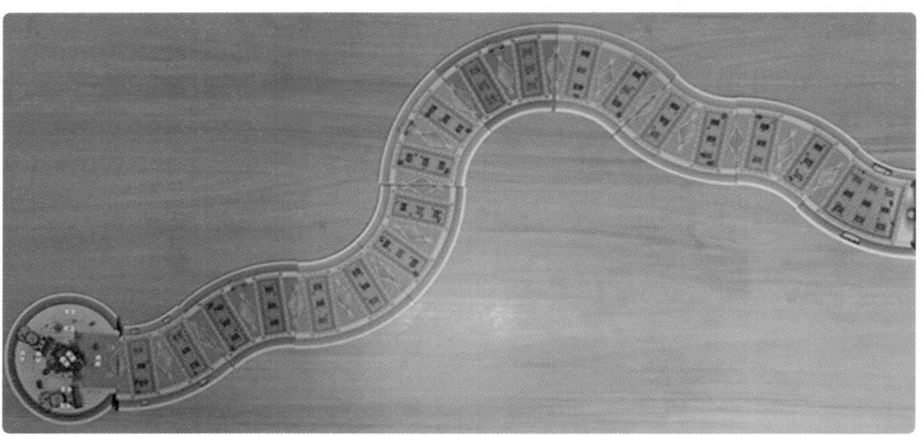

* 보드게임이 없다면 다음 엔트리 조건 카드에 명령을 완성해봅시다.

1 부록에서 엔트리 조건 명령 카드를 오린 후 예시 명령 블록 중 선택하여 조건 명령 카드를 완성합니다.

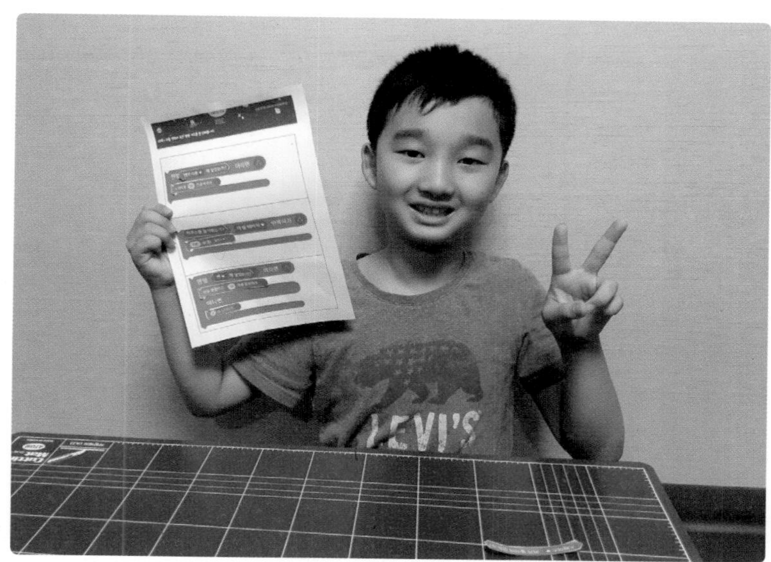

2 원하는 명령 블록이 없다면 직접 명령 블록을 만든 후 조건 명령 카드를 완성합니다.

콤비

태양, 지구, 달을 겹쳐서 미션 카드와 똑같게 만들거나 정해진 행동으로 몇 번 만에 똑같게 만들어지는지 알아맞히는 보드게임을 해봅시다.

수업길잡이

난이도 ★★★☆☆
소요시간 15분 이상
놀이인원 2~4인용
준비물 콤비

소프트웨어 보드 놀이를 준비해요!

놀이 목표 콤비를 통해 알고리즘에 대해 알기

놀이 약속 카드 잘 정리하기

학교에서 이렇게 배워요!

놀이 활동 6학년 실과 : 6실04-08 절차적 사고에 의한 문제 해결의 순서를 생각하고 적용한다.

알고리즘

미션 카드를 보고 빠르고 정확하게 똑같이 만드는 스피드 게임으로 또는 미션 카드를 보고 정해진 행동에 따라 몇 번 만에 똑같이 되는지를 알아맞히는 알고리즘 게임입니다. 게임을 하는 과정에서 순차 알고리즘에 대해 익힐 수 있는 콤비 보드게임을 해봅시다.

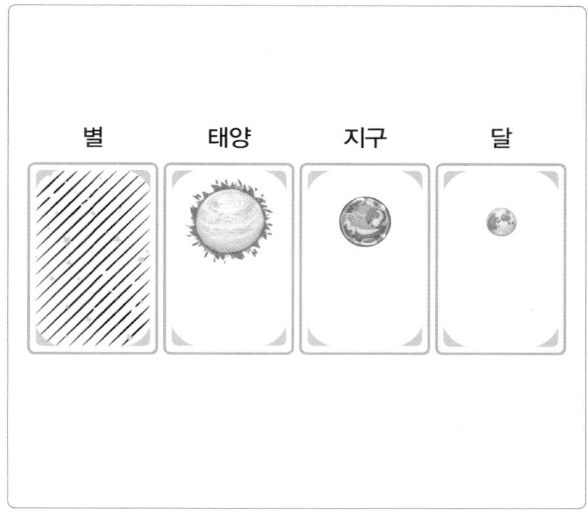

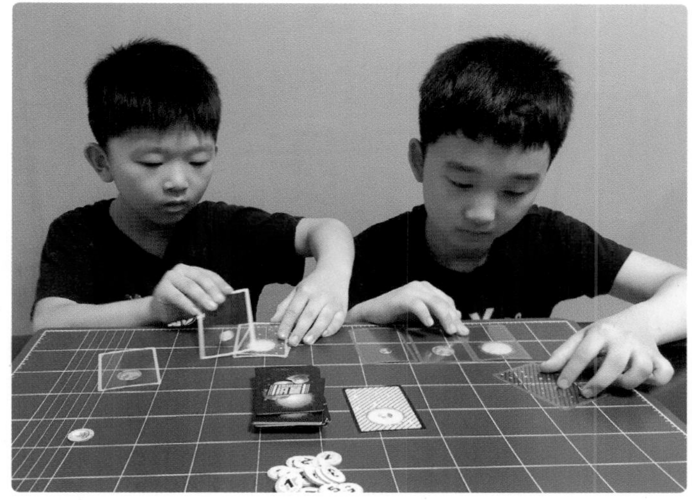

1 선 플레이어를 정한 후 시계 방향으로 게임을 진행합니다. 위의 그림과 같이 모든 플레이어가 게임 준비를 하면, 선 플레이어는 미션 카드 더미의 가장 위에 놓인 카드를 모두가 볼 수 있게 펼칩니다.

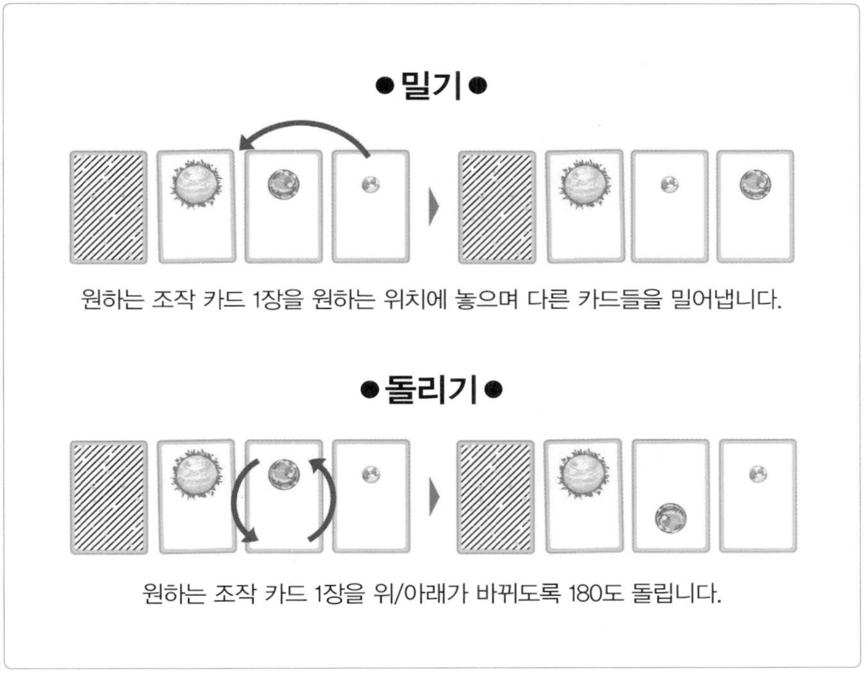

2 모든 플레이어는 밀기, 돌리기, 뒤집기의 행동들로 미션 카드와 똑같은 그림이 되도록 만들어야 합니다. 이때 몇 번의 행동으로 똑같은 그림이 되는지 기억합니다.

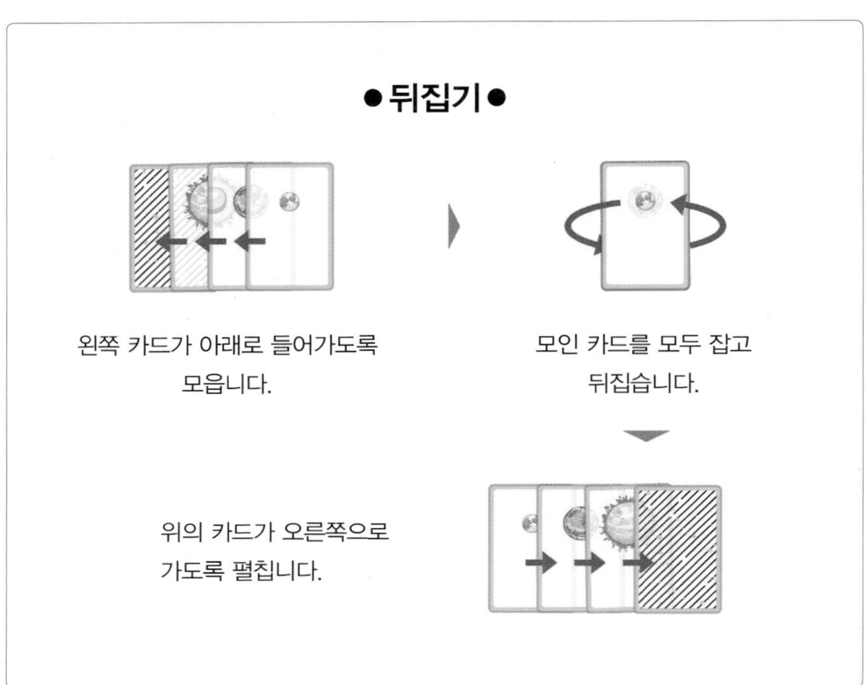

3 미션 카드와 같은 형태로 조작 카드를 완성한 플레이어 순서대로 자신이 조작한 행동의 총횟수를 말하며 엄지손가락을 세웁니다. 그리고 완성한 순서대로 엄지손가락을 잡습니다.

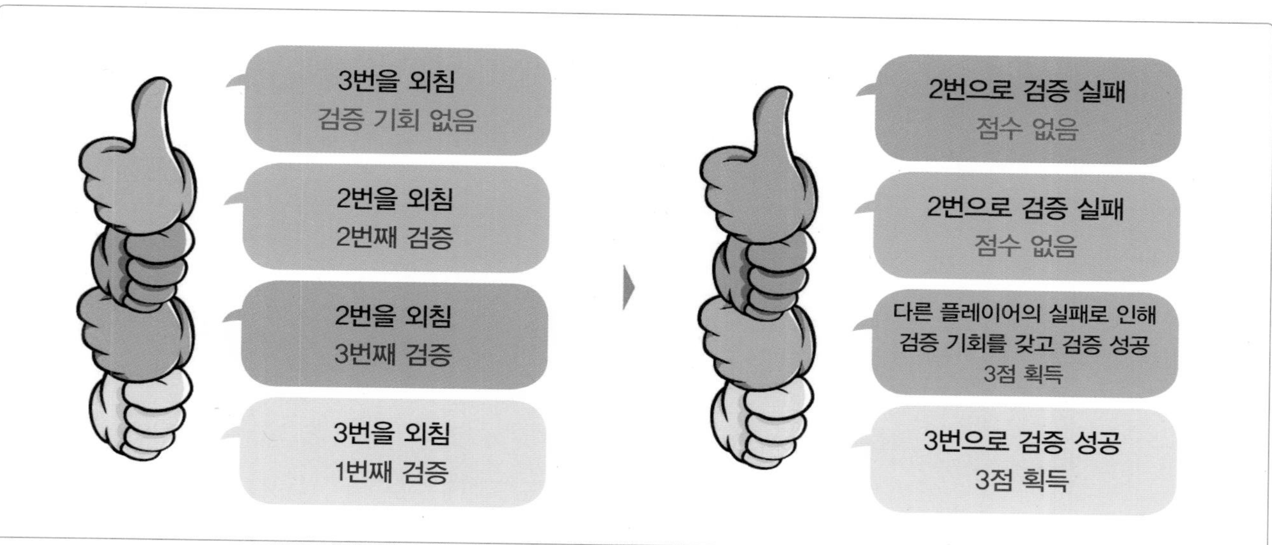

4 모든 플레이어가 엄지를 잡으면 검증을 시작합니다. 꼴찌를 제외하고 가장 큰 횟수를 말한 플레이어부터 검증을 시작합니다.

- 꼴찌를 제외한 검증에 성공한 플레이어는 3점을 얻습니다.
- 검증에서 실패하면 점수를 얻지 못하고 순위가 바뀌어 꼴찌가 됩니다.
- 같은 수를 외친 사람이 있다면 늦게 외친 사람부터 검증합니다.

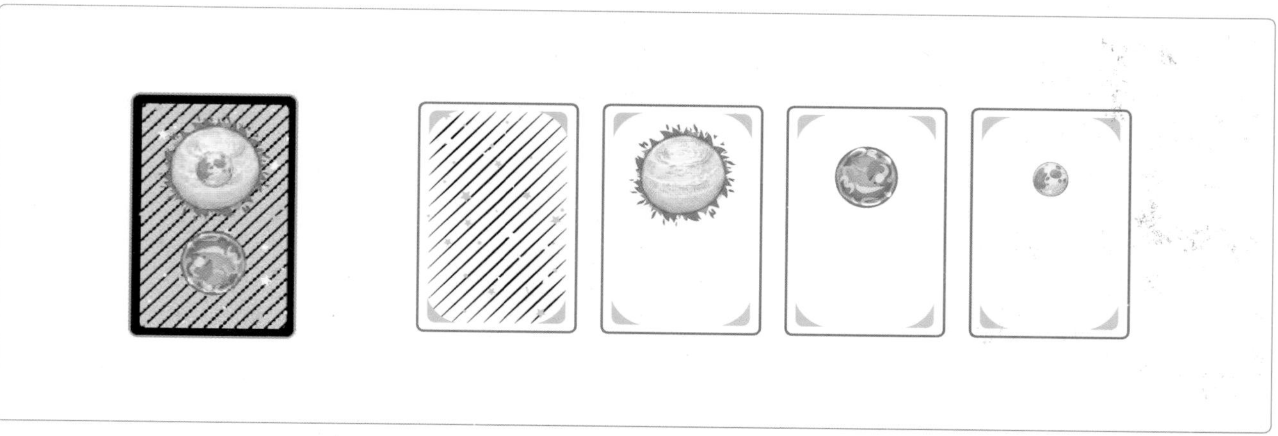

5 검증 방법은 다음과 같습니다. 첫째, 자신의 조작 카드를 준비 상태로 돌려놓고, 자신이 말한 횟수만큼 행동하여 미션 카드와 똑같은 그림이 되도록 만듭니다.

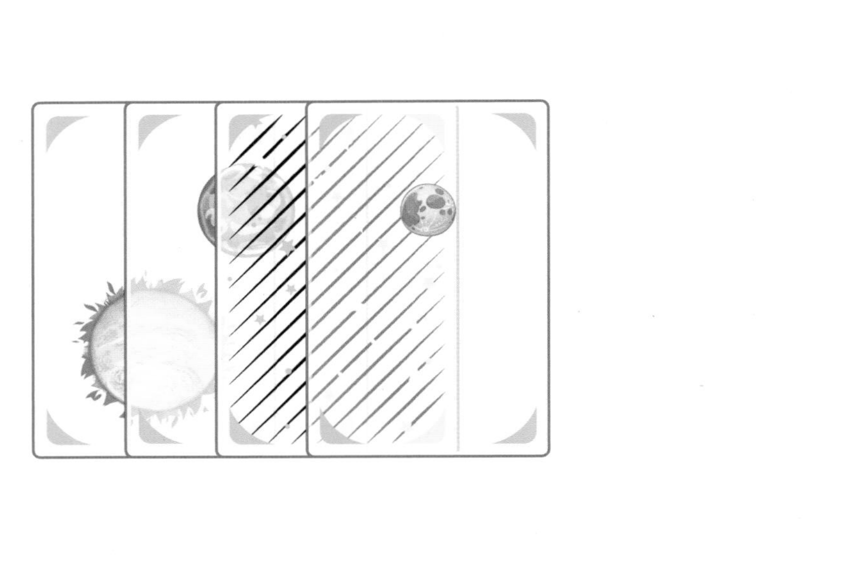

6 자신이 말했던 총횟수만큼 행동한 후 왼쪽 카드가 아래로 들어가도록 모읍니다. 그리고 미션 카드와 비교해 그림이 같은지 확인합니다.

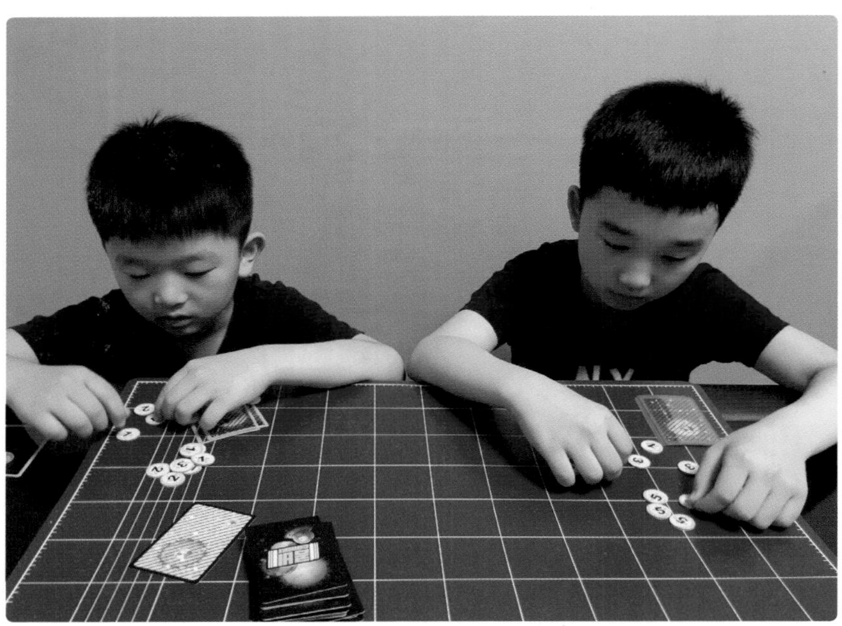

3 더 가져갈 점수 토큰이 없다면 게임이 종료되고, 가장 높은 점수를 획득한 플레이어가 승리합니다. 작은 수의 토큰을 모아 5점 이상이 되면 무조건 5점 토큰으로 교환해야 합니다.

* 스피드 게임 형태로 놀이를 해봅시다.

1 미션 카드를 잘 섞어서 더미로 만들고 뒤집어서 테이블 가운데에 놓습니다. 플레이어들은 원하는 색의 조작 카드를 섞어 더미로 만들고 자신 앞에 둡니다. 선 플레이어는 가장 위에 놓인 카드 1장을 모두가 볼 수 있게 펼칩니다.

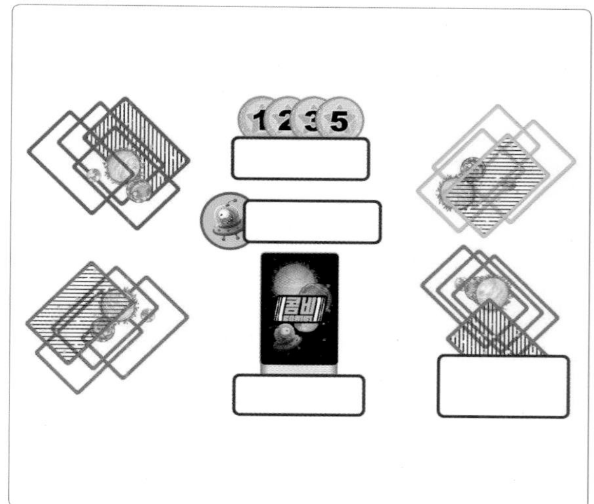

2 모든 플레이어는 펼쳐진 미션 카드와 같은 그림이 되도록 자신의 조작 카드를 정확하게 배치합니다. 동시에 맞추기 시작해서 가장 먼저 맞추는 플레이어가 엄지손가락을 세우고 다음으로 맞추는 플레이어들은 엄지손가락을 잡습니다. 엄지손가락을 잡은 후에는 카드를 조작할 수 없습니다.

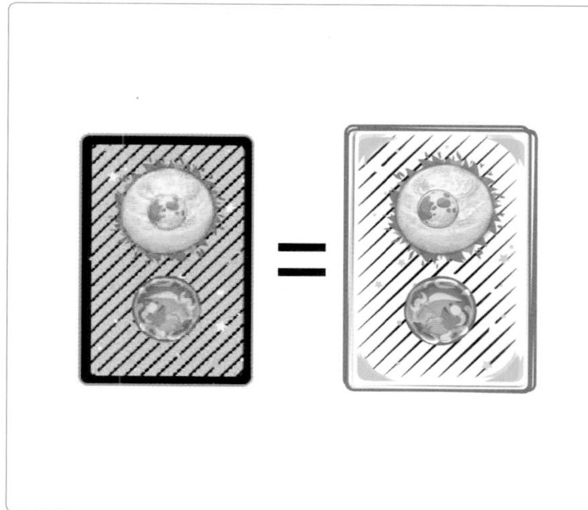

3 바닥에 깔린 외계인 토큰을 먼저 잡는 플레이어가 3점을 추가로 받습니다. 이때 토큰을 잡은 플레이어를 포함한 모든 플레이어는 기본 게임 규칙에 따라 미션 카드를 완성하여 점수를 획득합니다.

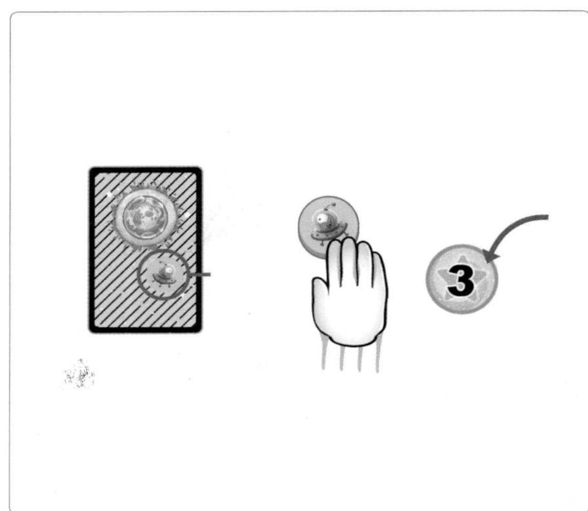

4 모든 플레이어가 엄지를 잡으면 첫 번째 플레이어부터 차례로 검증하여 순위에 따라 점수를 얻습니다. 검증에 실패한 플레이어는 순위가 바뀌어 꼴찌가 됩니다. 제일 점수가 높은 사람이 승리합니다.

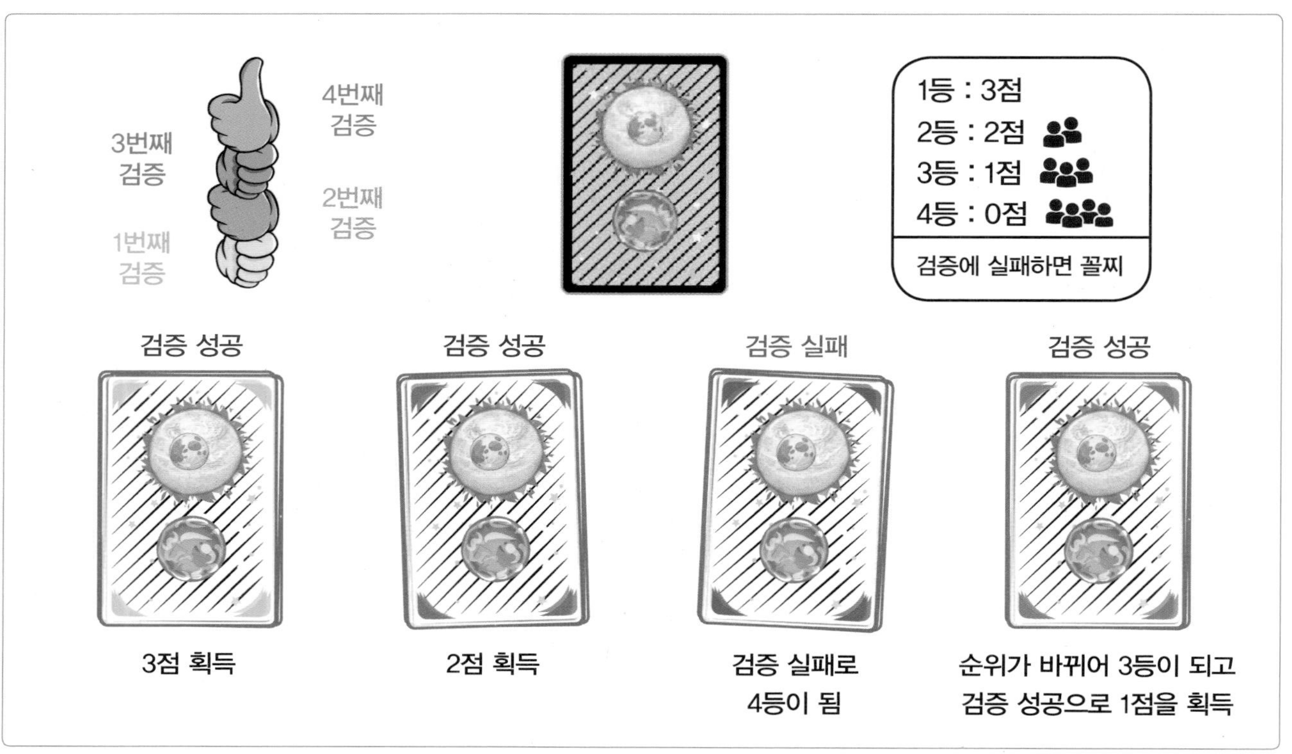

가족과 함께 코딩 보드게임으로 사고력을 키워요!

보드게임이란 놀이판 및 종이 등으로 구성된 놀이딱지(흔히 카드)와 연필, 놀이패(토큰(token)), 주사위 등 간단한 물리적인 도구로 진행하는 놀이를 뜻합니다. 인터넷으로 진행하는 컴퓨터 게임에 비교해서 오프라인 게임이라고 부르기도 하지요. 이러한 보드게임의 교육적 효과는 이미 많이 알려져 있습니다. 보드게임은 게임을 하는 가운데 주어진 상황을 정확하게 이해하고 분석하는 능력, 그리고 그에 따른 판단과 승리 전략을 생각해야 합니다. 생각해낸 승리 전략에 따라 하나하나 문제를 해결해가는 과정에서 문제를 해결하는 능력은 물론 창의적인 사고력 또한 키울 수 있습니다.

이런 교육적 효과가 있는 보드게임에 코딩 요소가 더해진 코딩 보드게임은 프로그래밍 과정에서 꼭 알아야 할 순차, 반복, 선택과 같은 기본 제어 구조뿐만 아니라 알고리즘 설계 능력과 컴퓨팅 사고력을 발달시켜줍니다. 코딩을 혼자 시작하기 어렵다면 가족과 함께 둘러앉아 코딩 보드게임 한판 먼저 해보는 것은 어떨까요? 즐겁게 웃고 떠드는 시간만큼 우리 친구들의 사고력 또한 쑥쑥 자라날 것입니다.

PART

02

컴퓨터 과학의 개념을 배우는

코딩 보드판 활용 언플러그드 놀이

데이터 은행

주사위를 던져 나오는 수만큼 이동하며 데이터를 읽고, 데이터와 데이터 점수를 수집하는 보드게임을 해봅시다.

수업길잡이

난이도 ★★★★☆
소요시간 20분
놀이인원 2~4인용
준비물 [데이터 은행] 보드판, 숫자 주사위, 말, 펜, 데이터 기록판, 풀(테이프)

컴퓨터 과학 보드 놀이를 준비해요!

놀이 목표 데이터 은행 보드게임을 통해 데이터의 개념을 이해하고 절차적 사고 경험하기
놀이 약속 보드 놀이 후 정리 잘 하기

학교에서 이렇게 배워요!

놀이 활동 6학년 실과 : 6실04-08 절차적 사고에 의한 문제 해결의 순서를 생각하고 적용한다.

데이터

데이터에 대한 개념을 배우는 보드게임입니다. 주사위를 던져 나오는 수만큼 보드판을 따라 이동하며 데이터를 수집하고, 수집한 데이터의 점수를 합산해 승패를 가릴 수 있습니다. 놀이하는 과정에서 자연스럽게 데이터와 관련된 개념을 학습할 수 있는 데이터 은행 보드게임을 해봅시다.

언플러그드 컴퓨터 과학 놀이를 시작해요!

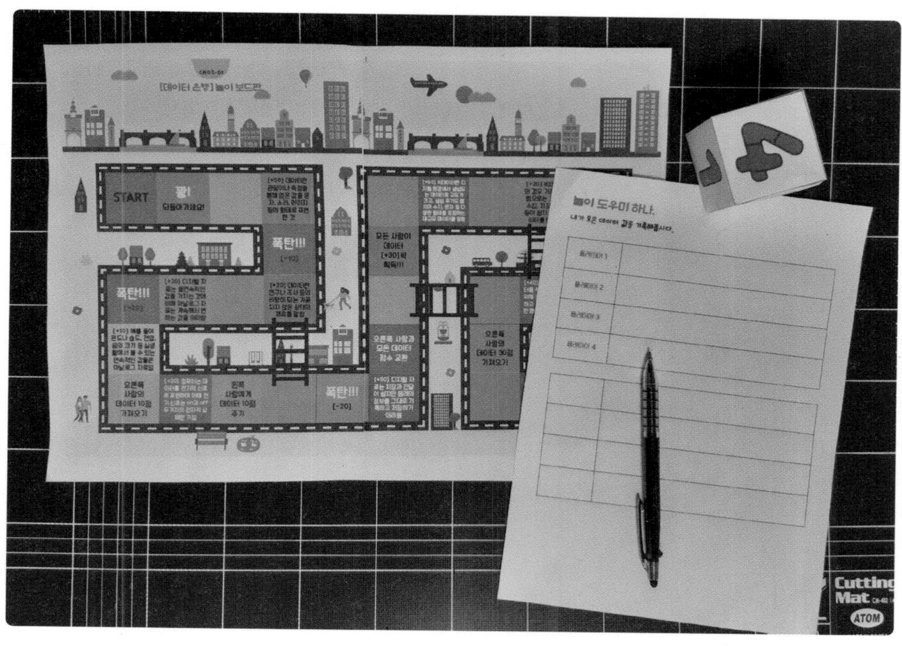

1 부록에 있는 [데이터 은행] 보드판과 숫자 주사위, 데이터 기록판을 오립니다. 숫자 주사위는 풀 또는 테이프로 입체 모양을 만들어 줍니다.

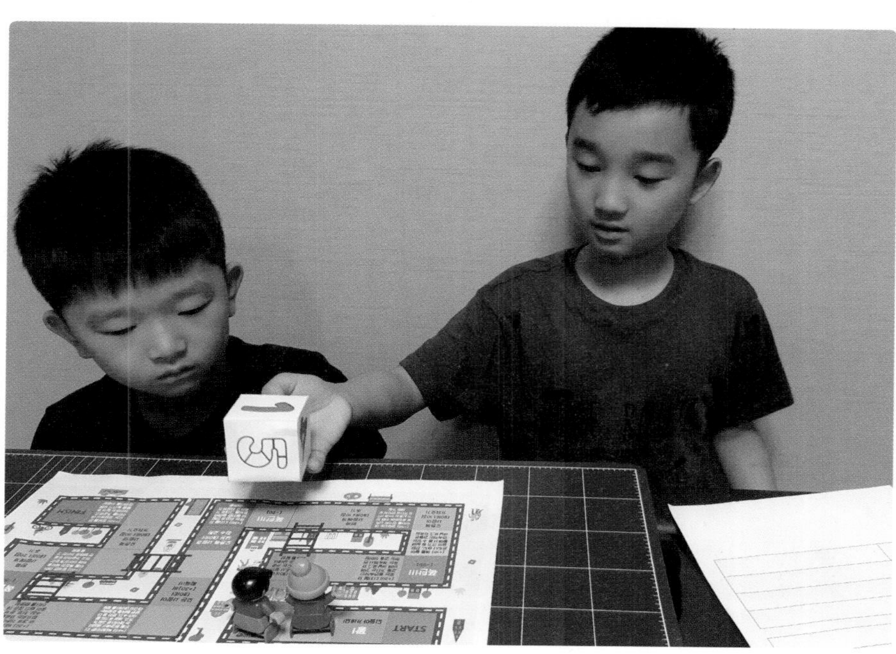

2 주사위를 던져 나온 수만큼 이동합니다.

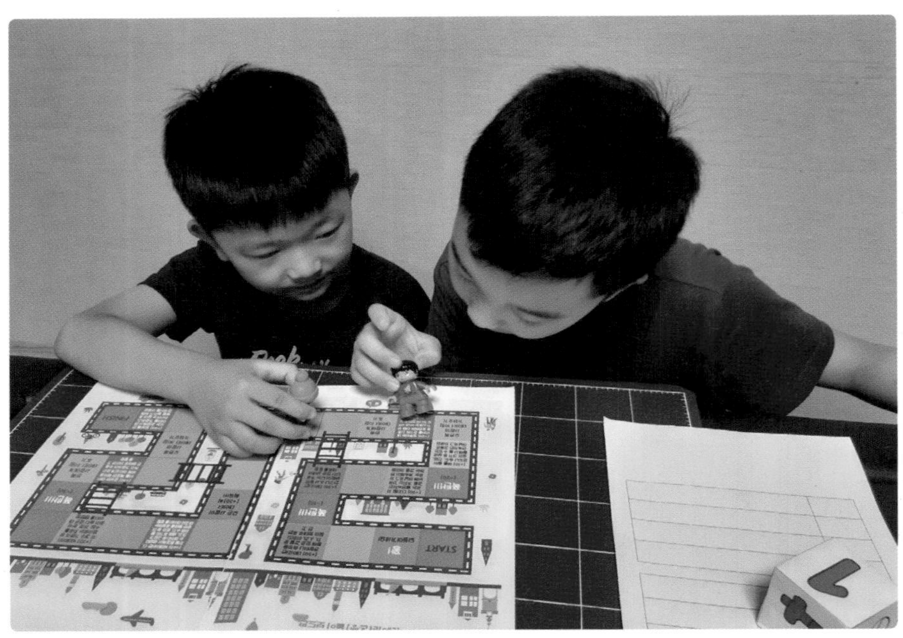

3 도착한 곳에 있는 데이터에 대한 내용을 읽고, 점수를 획득합니다.

4 플레이어 중 한 명이라도 목적지에 도착하면 게임은 끝이 납니다. 그동안 모은 데이터 값을 합산해 승자를 가립니다.

Special Page

빅데이터가 뭐예요?

빅데이터란 디지털 환경에서 만들어지는 데이터로 규모가 방대하고 생성 주기도 짧으며 수치, 문자, 영상 등 다양한 형태를 포함하는 대규모 데이터를 의미합니다. 이때 단순히 데이터의 크기만을 뜻하는 것이 아니라 데이터의 형식과 처리 속도 등을 모두 포함하는 개념으로 기존의 방법으로는 자료를 수집, 저장, 분석 등이 쉽지 않은 데이터를 총칭하는 것이죠.

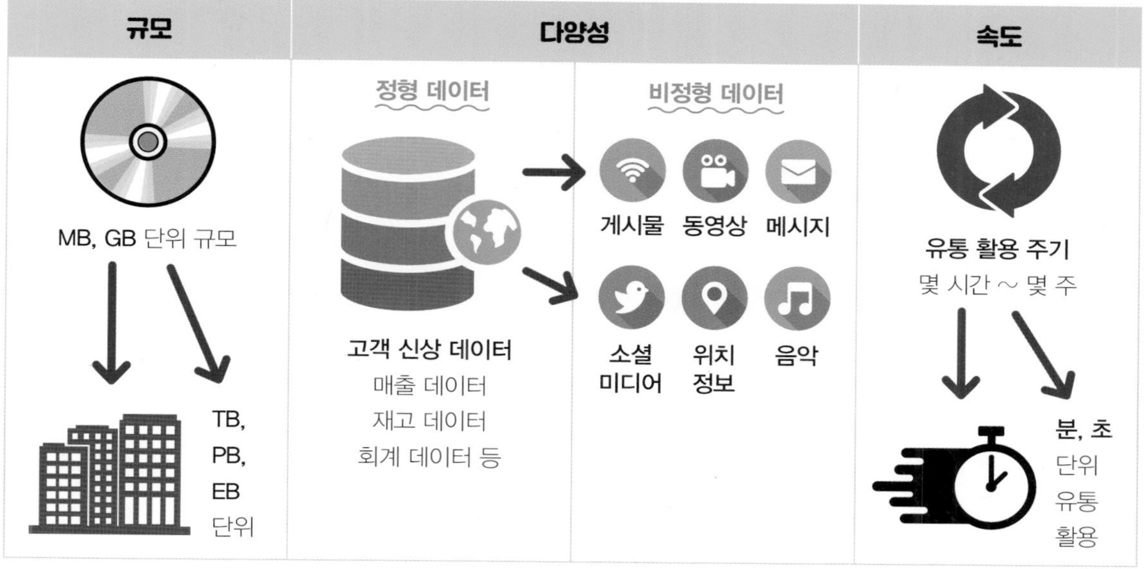

예를 들어 서울시에서 심야 버스 노선을 확대하는 일을 할 때도 빅데이터 분석이 사용되었습니다. 시민들이 심야 택시를 타고 내리는 데이터 500만 건과 이동통신사의 통화량 데이터 30억 건을 분석해 지리정보시스템으로 유동인구의 패턴을 분석했다고 해요. 이렇게 우리 생활에 유용한 빅데이터에 여러분도 관심을 가져보면 어떨까요?

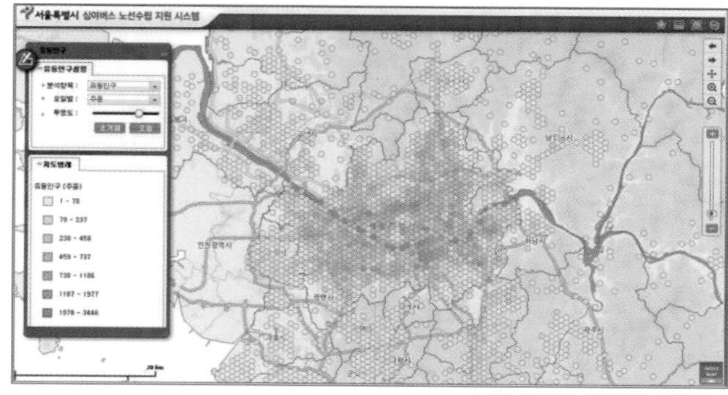

▲ **출처 :** http://www.esrikr.com/news/news12.jsp

세상을 바꾸는 알고리즘

모양 주사위를 던져 나오는 모양과 색깔에 따라 이동하며, 알고리즘의 의미와 알고리즘을 표현하는 방법을 배울 수 있는 보드게임을 해봅시다.

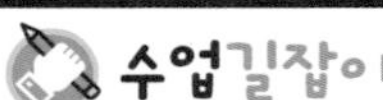

난이도 ★★★★☆
소요시간 20분 이상
놀이인원 2~4인용
준비물 [세상을 바꾸는 알고리즘] 보드판, 모양 주사위, 말, 풀(테이프)

컴퓨터 과학 보드 놀이를 준비해요!

놀이 목표 세상을 바꾸는 알고리즘 보드게임을 통해 알고리즘에 대해 알기
놀이 약속 모양 주사위를 만들어서 활용하기

학교에서 이렇게 배워요!

놀이 활동 6학년 실과 : 6실04-08 절차적 사고에 의한 문제 해결의 순서를 생각하고 적용한다.

알고리즘

알고리즘의 개념과 특징에 대해 배우는 보드게임입니다. 모양 주사위를 던져 나오는 모양에 따라 이동하며 먼저 목적지까지 도착하는 사람이 이기는 게임입니다. 놀이하는 과정에서 자연스럽게 알고리즘과 관련된 개념과 특징을 학습할 수 있는 세상을 바꾸는 알고리즘 보드게임을 해봅시다.

언플러그드 컴퓨터 과학 놀이를 시작해요!

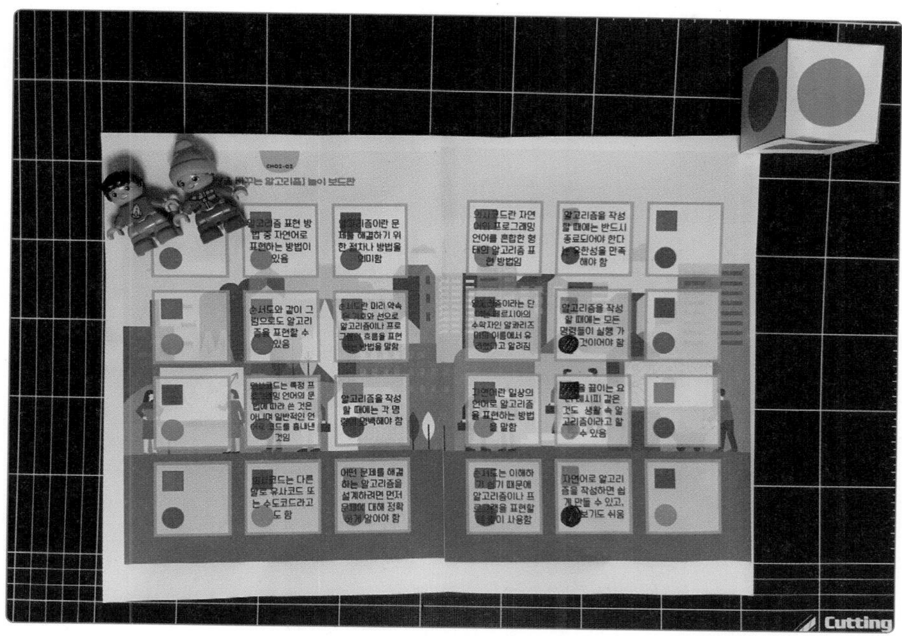

1 부록에 있는 [세상을 바꾸는 알고리즘] 보드판과 모양 주사위를 오립니다. 모양 주사위는 풀 또는 테이프로 입체 모양을 만들어 줍니다.

2 각 플레이어는 주사위를 던져 나오는 모양에 따라 출발선에 위치합니다.

– **예시** 녹색 네모 모양이 나왔으면 왼쪽 출발선 중 녹색 네모 모양이 있는 곳이 위치하기

3 가위바위보로 플레이 순서를 정하고, 주사위를 던져 나오는 모양에 따라 가장 가까운 곳으로 이동할 수 있습니다. 도착한 칸에 적혀있는 알고리즘과 관련된 내용을 큰소리로 읽습니다.

– **예시** 녹색 네모 모양 칸에서 출발 – 주사위를 던져 빨간색 동그라미가 나오면 가장 가까운 빨간색 동그라미가 있는 칸까지 이동할 수 있음

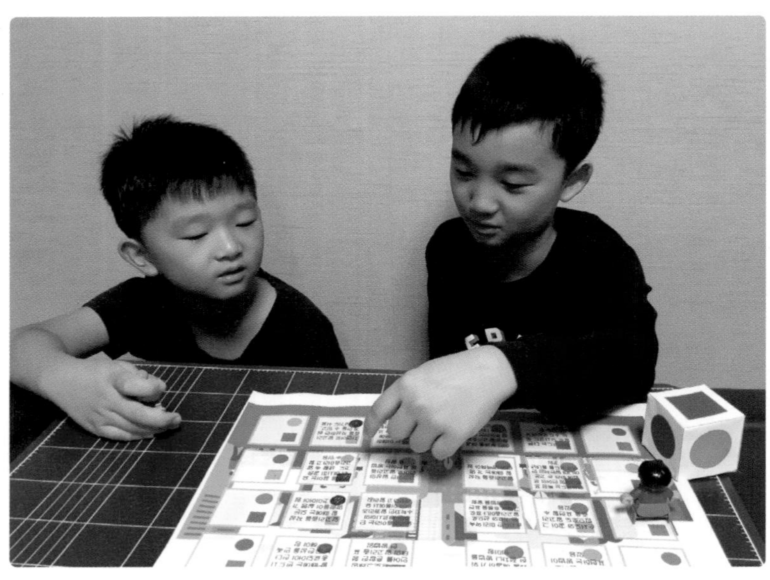

4 목적지에 도착한 플레이어는 그동안 자신이 지나온 길에서 알게 된 내용을 정리하여 말합니다. 빠짐없이 잘 이야기했다면 게임에서 승리하지만 그렇지 못하다면 다시 처음부터 플레이합니다. 성공한 사람이 나올 때까지 위 게임 규칙을 반복합니다.

Special Page

그림으로 살펴보는 알고리즘

알고리즘이란 문제를 해결하기 위한 절차나 방법을 의미합니다. 알고리즘을 표현할 때에는 문제 해결을 위한 단계들을 구체적으로 표현할 수 있어야 합니다. 이를 위해 일상생활에서 사용하는 언어를 사용하거나 그림이나 기호로 나타내기도 합니다. 알고리즘을 표현하는 방법에는 자연어, 의사코드, 순서도 등의 방법이 있습니다.

– **자연어 :** 일상생활에서 사용하는 말이나 언어를 사용해 표현하는 방법
– **의사 코드 :** 일반 언어를 프로그래밍 언어처럼 표현하는 방법
– **순서도 :** 미리 정의된 기호와 도형을 사용해 표현하는 방법

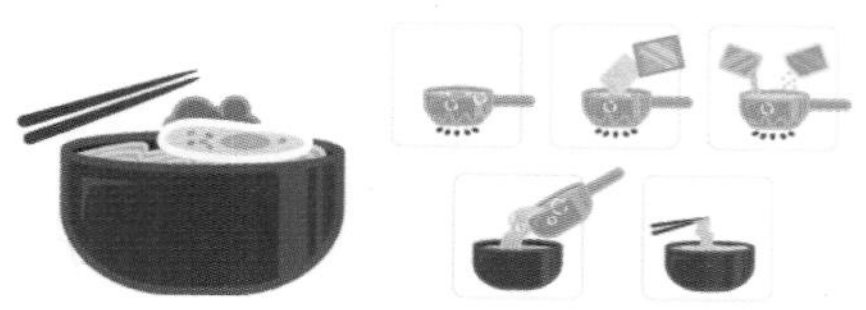

재료 : 라면 1봉, 달걀, 대파

❶ 물을 끓여주세요.
❷ 물이 끓으면 면을 먼저 넣고 건더기 스프와 분말 스프를 넣어주세요.
❸ 달걀과 대파를 넣고 그릇에 담아주세요.

▲ **자연어**

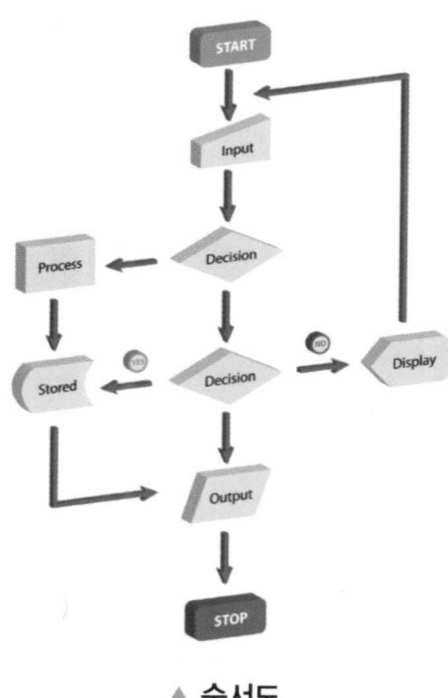

▲ **순서도**

```
sum ← 0
i ← 1
begin
      sum ← sum + i
      i = i + 1
if i is not 11 goto begin
print sum
```

▲ **의사 코드**

소프트웨어 세상

원하는 앱(소프트웨어)이 있는 곳으로 이동하고, 스마트폰을 완성해가며 소프트웨어에 대해 알아가는 보드게임을 해봅시다.

수업길잡이

난이도 ★★★★☆
소요시간 20분 이상
놀이인원 2~4인용
준비물 [소프트웨어 세상] 보드판, 숫자 주사위, 스마트폰, 소프트웨어 아이콘, 풀(테이프), 말

컴퓨터 과학 보드 놀이를 준비해요!

놀이 목표 소프트웨어 세상 보드게임을 통해 소프트웨어가 우리 생활에 미치는 영향에 대해 알기

놀이 약속 다양한 소프트웨어에 관심 가지기

학교에서 이렇게 배워요!

놀이 활동 6학년 실과 : 6실04-07 소프트웨어가 적용된 사례를 찾아보고 우리 생활에 미치는 영향을 이해한다.

소프트웨어

소프트웨어의 개념과 종류에 대해 배우는 보드게임입니다. 자신의 스마트폰을 완성하기 위해 보드판에 있는 다양한 앱을 수집하여 목적지까지 도착하는 과정에서 자연스럽게 소프트웨어의 개념과 다양한 소프트웨어의 종류에 대해 알아가는 소프트웨어 세상 보드게임을 해봅시다.

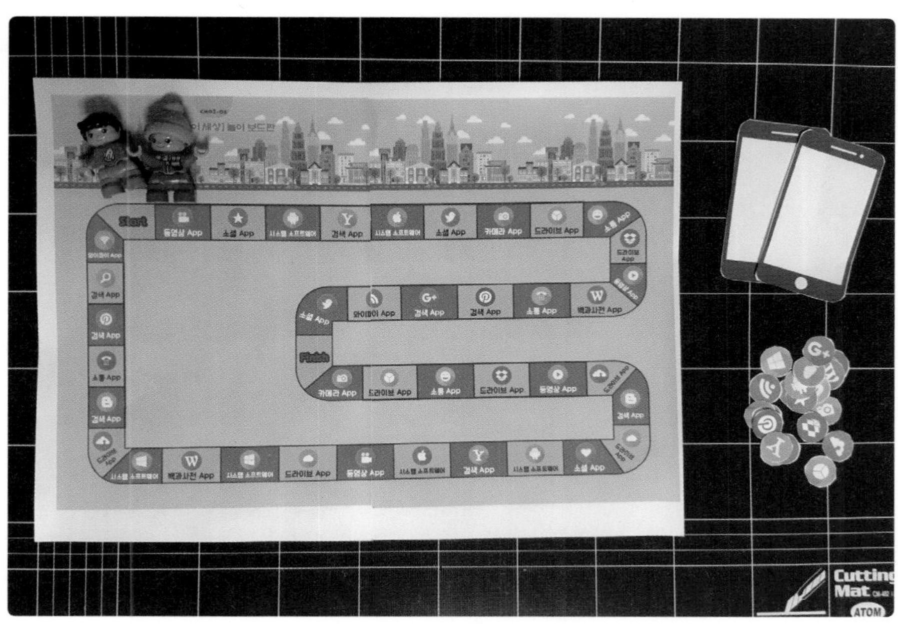

1 부록에 있는 [소프트웨어 세상] 보드판과 숫자 주사위, 스마트폰과 소프트웨어 아이콘을 오립니다. 숫자 주사위는 풀 또는 테이프로 입체 모양을 만들어 줍니다.

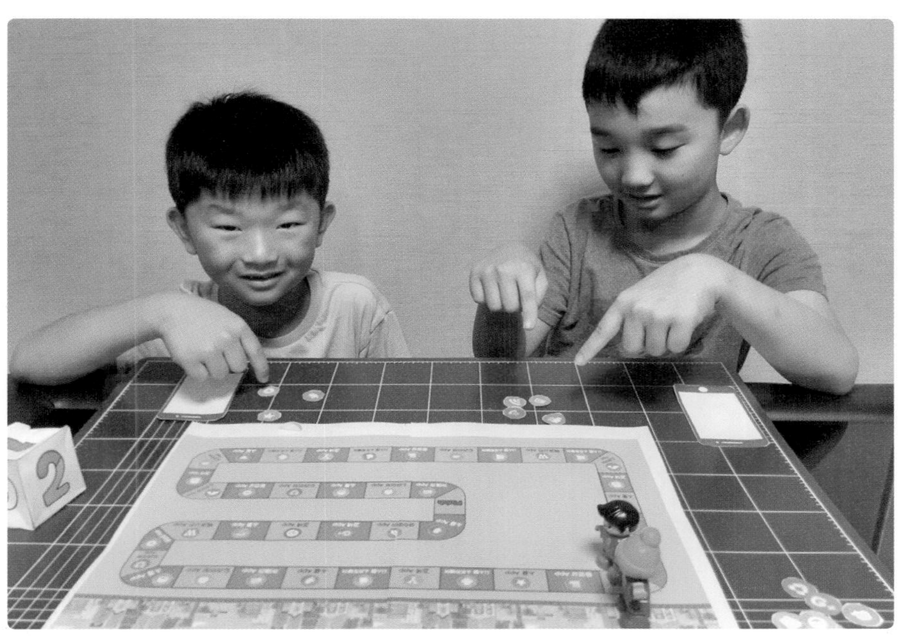

2 각 플레이어는 자신의 스마트폰에 어떤 소프트웨어를 넣고 싶은지 4개를 선택한 후 가위바위보로 선 플레이어를 정합니다.

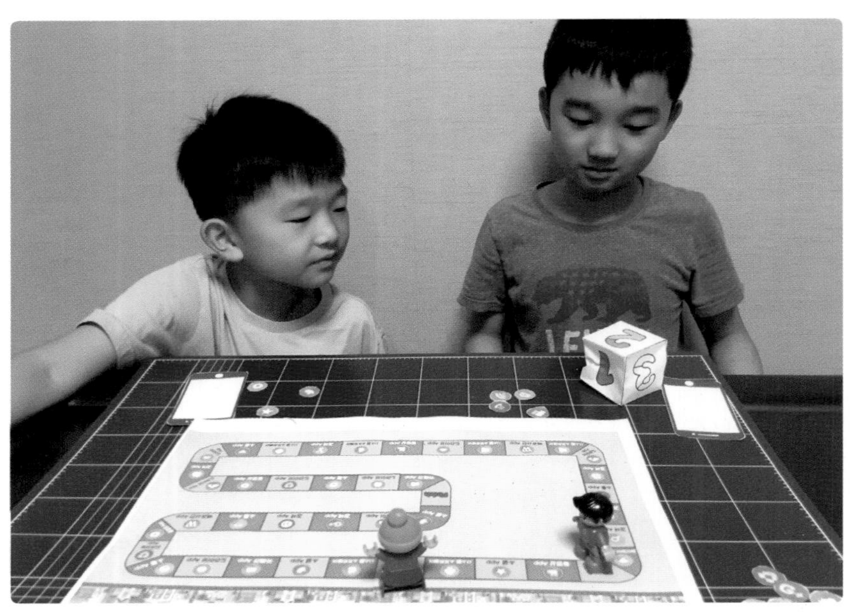

3 주사위를 던져 나오는 수만큼 이동하여 도착한 곳에 있는 소프트웨어가 내가 선택한 4개 중 하나에 해당하면 획득하고, 그렇지 않으면 획득하지 못합니다.

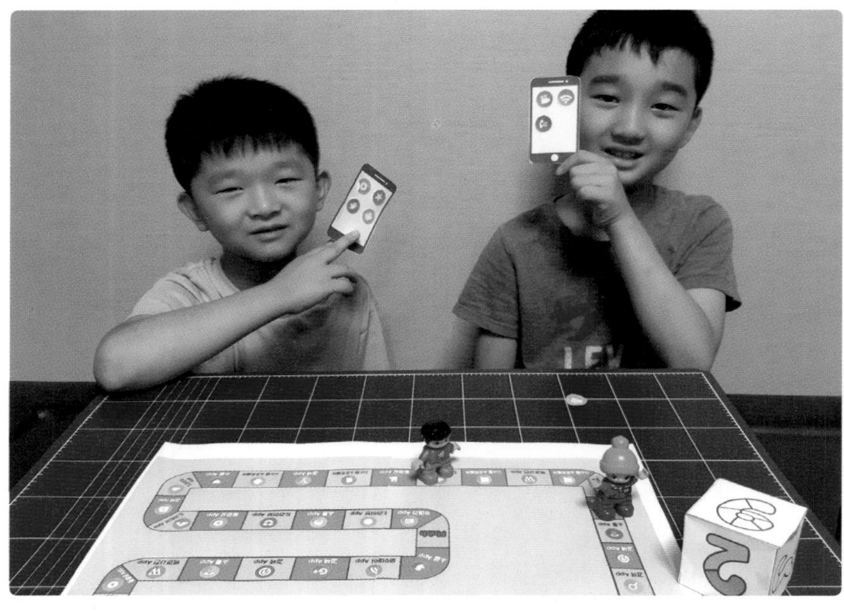

4 모으고자 했던 소프트웨어를 모두 획득한 플레이어가 승리합니다. 만약 목적지에 도착했음에도 소프트웨어를 다 모으지 못했다면 도착 지점을 지나 다시 한 바퀴를 돌며 나머지 소프트웨어를 수집해야 합니다.

Special Page

사물 인터넷이 뭐예요?

사물 인터넷(Internet of Things, 약어로 IoT)은 각종 사물에 센서와 통신 기능을 내장하여 인터넷에 연결하는 기술. 즉, 무선 통신을 통해 각종 사물을 연결하는 기술을 의미합니다. 다양한 사물 인터넷의 예시를 살펴보면 다음과 같습니다.

- **스마트 화분 :** 정해진 시간이 되면 자동으로 물을 주고 식물의 상태를 진단함
- **스마트 우산 :** 비가 올 확률이 특정 기준 이상이 되면 소리를 내거나 문자로 알려줌
- **스마트 잠금장치 :** 주인이 오면 잠금을 해제하고, 다른 사람이 왔을 때 경고를 함
- **스마트 거울 :** 옷 입은 모습을 가상으로 보여주고 맞춤형 메이크업과 헤어스타일을 제안
- **스마트 거리 :** 청정공기를 뿜어주고, 유해물질은 흡수하며 에너지를 생산함
- **스마트 침대 :** 몸 상태에 맞춰 변화하여 최적의 숙면을 유도함
- **스마트 신발 :** 걸음의 수나 칼로리를 측정하여 알려줌
- **스마트 책상 :** 사람에 맞춰 높이가 자동으로 변함
- **스마트 렌즈 :** 시력에 따라 자동으로 도수를 조정함
- **스마트 광고판 :** 얼굴을 인식하여 맞춤형 광고를 내보냄
- **스마트 청소기 :** 알아서 청소하고, 장애물을 피해 움직임
- **스마트 지갑 :** 일정 거리 이상 멀어지면 경고음이 울리거나 문자를 보냄

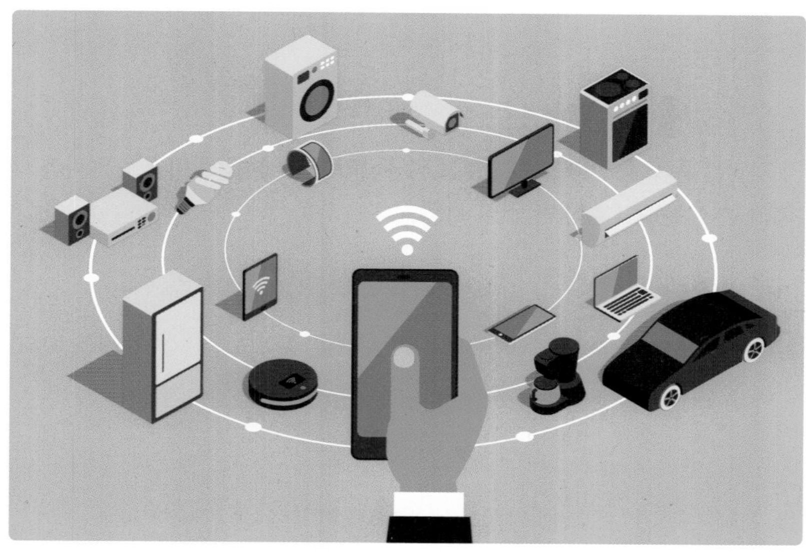

네트워킹 게임

조건 주사위를 던져 나오는 곳으로 이동하면서 경로를 표시하며 컴퓨터 네트워크와 관련된 개념을 배울 수 있는 보드게임을 해봅시다.

수업길잡이

난이도 ★★★★☆
소요시간 20분 이상
놀이인원 2~4인용
준비물 [네트워킹 게임] 보드판, 조건 주사위, 말, 사인펜, 풀(테이프)

컴퓨터 과학 보드 놀이를 준비해요!

놀이 목표 네트워킹 게임을 통해 통신망으로 연결된 컴퓨터가 우리 생활에 미치는 영향에 대해 알기

놀이 약속 놀이를 여러 번 반복하고 싶다면 연필 사용하기

학교에서 이렇게 배워요!

놀이 활동 6학년 실과 : 6실04-07 소프트웨어가 적용된 사례를 찾아보고 우리 생활에 미치는 영향을 이해한다.

컴퓨터 네트워크와 이와 관련된 개념에 대해 배우는 보드게임입니다. 주사위를 던져 나오는 조건에 따라 이동하되, 이동하는 경로를 연결하는 과정에서 자연스럽게 네트워크와 이와 관련된 다양한 개념을 배우는 네트워킹 보드게임을 해봅시다.

네트워크

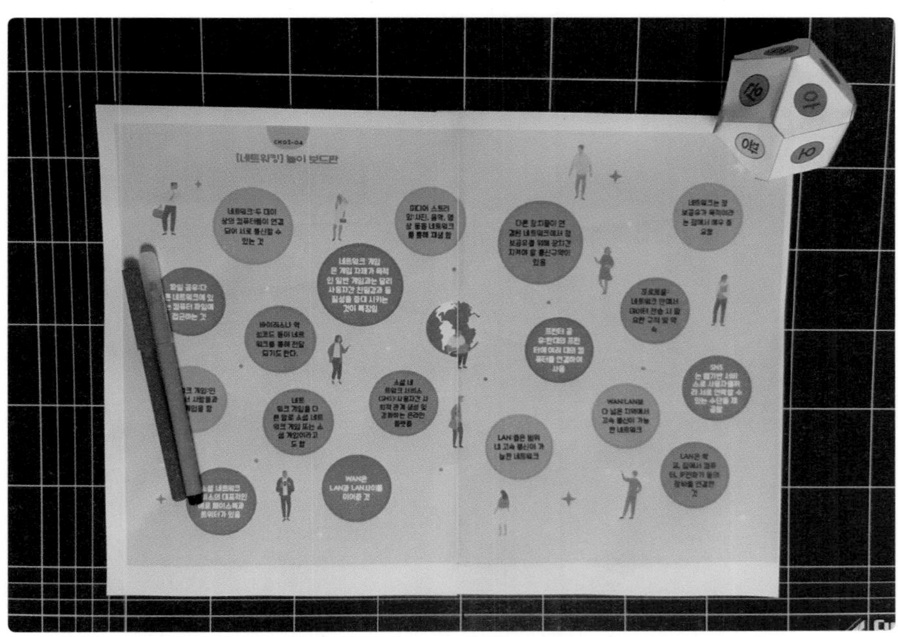

1 부록에 있는 [네트워킹 게임] 보드판과 조건 주사위를 오립니다. 조건 주사위는 풀 또는 테이프로 입체 모양을 만들어 줍니다.

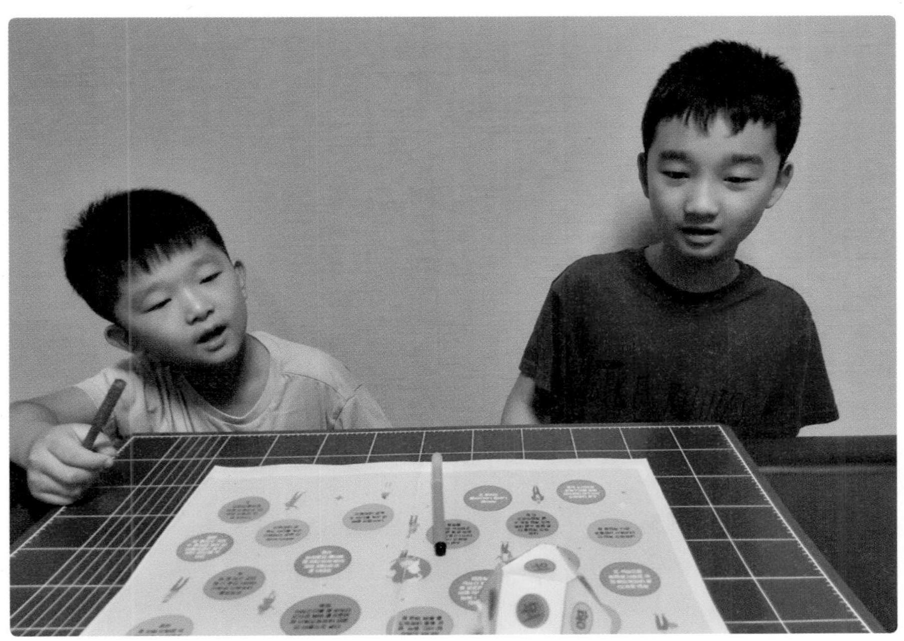

2 각 플레이어는 원하는 위치에서 출발하되, 주사위를 던져 나오는 조건에 따라 위치를 이동합니다.

– **예시 빨간색 위 :** 현재 위치에서 위쪽에 있는 빨간색으로 이동

3 총 5라운드 또는 원하는 만큼 주사위를 던져 이동하되 이동할 때마다 경로를 그려줍니다. 이때 플레이어마다 경로의 색깔을 다르게 합니다.

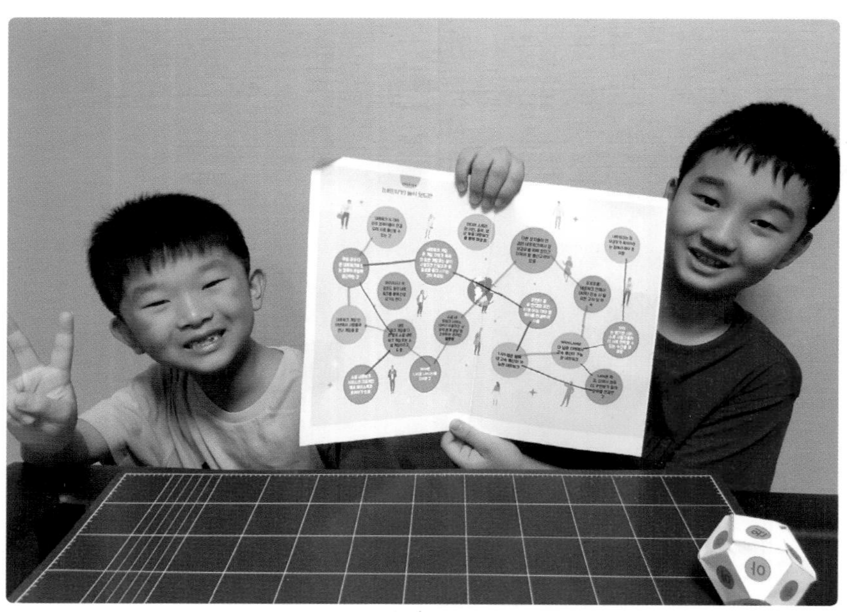

4 모든 라운드가 끝났을 때 가장 많이 연결되어 있는 플레이어가 승리합니다.

Special Page

컴퓨터 네트워크가 뭐예요?

네트워크란 'Net + Work'의 합성어로써 컴퓨터들이 통신 기술 이용하여 그물망처럼 연결된 통신 이용 형태를 의미합니다. 즉, 분산된 컴퓨터를 통신망으로 연결한 것이죠. 네트워크를 통해 우리는 다른 컴퓨터의 파일에 접근할 수 있게 됩니다. 그래서 파일 공유를 쉽게 할 수 있죠. 또 미디어 스트리밍으로 사진, 음악 또는 비디오 등의 디지털 미디어를 네트워크를 통해 재생할 수 있게 되며, 광대역 인터넷 연결을 공유할 수 있게 되어 PC마다 별도의 인터넷 계정을 구입할 필요가 없습니다. 프린터를 공유하게 되면 PC마다 프린터를 연결하는 대신 한 대의 프린터를 구입하여 네트워크에 있는 모든 사람이 사용할 수 있습니다. 또한, 인터넷에서 다른 사람과 만나 PC, 게임 콘솔 등을 통해 네트워크 게임을 즐길 수도 있습니다. 이렇게 많은 장점을 가진 네트워크를 잘 이용해서 우리 생활을 좀 더 편리하게 만들어 볼까요?

나만의 컴퓨터

컴퓨터를 사용하는데 필요한 기기들이 있는 곳으로 이동하며, 나만의 컴퓨터를 완성해가는 보드게임을 해봅시다.

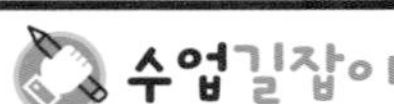

난이도 ★★★☆☆
소요시간 20분
놀이인원 최소 4인 이상
준비물 [나만의 컴퓨터] 보드판, 숫자 주사위, 책상, 하드웨어 아이콘, 말, 풀(테이프)

컴퓨터 과학 보드 놀이를 준비해요!

놀이 목표 나만의 컴퓨터 보드게임을 통해 컴퓨터를 사용할 때 필요한 기기에 대해 알기
놀이 약속 다양한 하드웨어에 관심 가지기

학교에서 이렇게 배워요!

놀이 활동 6학년 실과 : 6실04-08 절차적 사고에 의한 문제 해결의 순서를 생각하고 적용한다.

하드웨어

자신의 컴퓨터를 효율적으로 사용하기 위해 필요한 다양한 기기들을 수집하여 목적지까지 도착하는 과정에서 자연스럽게 하드웨어의 개념과 다양한 컴퓨터 주변 기기의 종류에 대해 알아가는 나만의 컴퓨터 보드게임을 해봅시다.

1 부록에 있는 [나만의 컴퓨터] 보드판과 숫자 주사위, 책상과 하드웨어 아이콘을 오립니다. 숫자 주사위는 이전 활동에서 만들어 놓은 것으로 준비합니다.

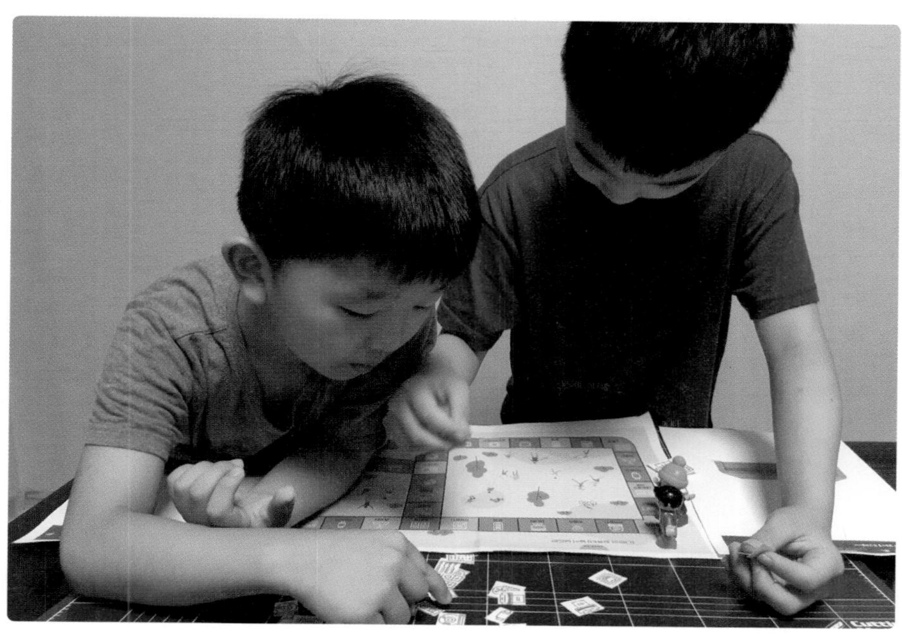

2 각 플레이어는 자신의 컴퓨터를 효과적으로 사용하기 위해 필요한 하드웨어 4개를 선택한 후 가위바위보로 선 플레이어를 정합니다.

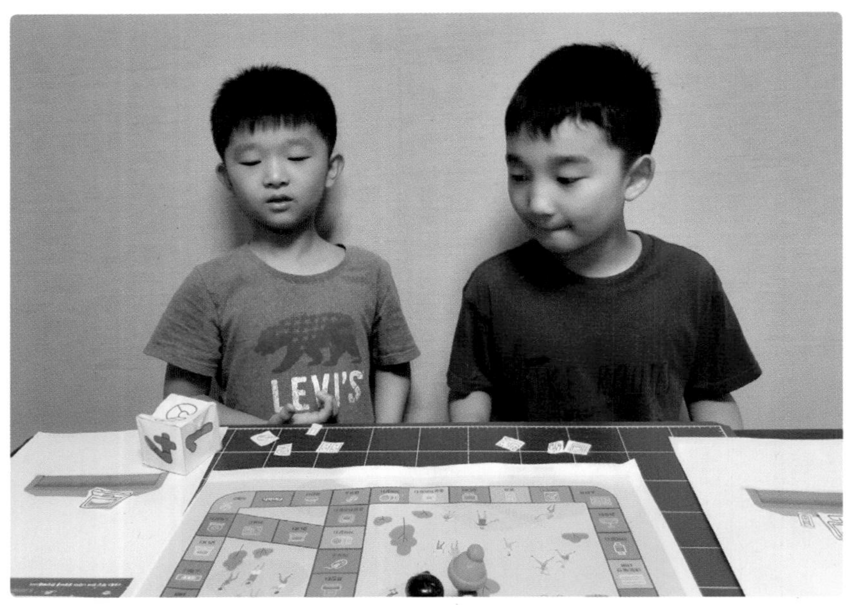

3 주사위를 던져 나오는 수만큼 이동하여 도착한 곳에 있는 하드웨어가 내가 선택한 4개 중 하나에 해당하면 획득하고, 그렇지 않으면 획득하지 못합니다.

4 모으고자 했던 하드웨어를 모두 획득한 후 목적지에 도착한 플레이어가 승리합니다. 만약 목적지에 도착했음에도 하드웨어를 다 모으지 못했다면 도착 지점을 지나 다시 한 바퀴를 돌며 나머지 하드웨어를 수집해야 합니다.

Special Page

하드웨어? 소프트웨어?

하드웨어는 스마트폰의 몸체, 컴퓨터의 부품 등 모든 딱딱한 부분들을 의미합니다. 컴퓨터의 중앙 처리장치, 기억 장치는 물론 마우스, 키보드와 같은 주변 장치들을 모두 하드웨어라고 하지요. 이에 반해 소프트웨어는 하드웨어 속에 들어가는 프로그램을 의미합니다. 운영체제, 컴파일러 등과 같이 하드웨어를 구동하는데 필수적인 프로그램을 시스템 소프트웨어라고 하며, 이런 시스템 소프트웨어를 사용해 여러 가지 문제를 해결해주는 프로그램을 응용 프로그램이라고 합니다. 한글을 작성하거나 수학 계산을 하고, 게임을 하는 등의 모든 일은 이런 응용 소프트웨어가 있어 가능합니다. 이처럼 컴퓨터 안에서 동작하는 모든 프로그램을 소프트웨어라고 하는 것이지요. 따라서 하드웨어만 있다고 해서 무엇을 할 수 있는 것도 아니고, 소프트웨어만 있다고 무언가를 동작시킬 수 있는 것이 아닙니다. 하드웨어에 소프트웨어가 설치되어야 동작을 실행할 수 있기 때문에 둘 다 매우 중요하며 꼭 필요하다고 말할 수 있습니다.

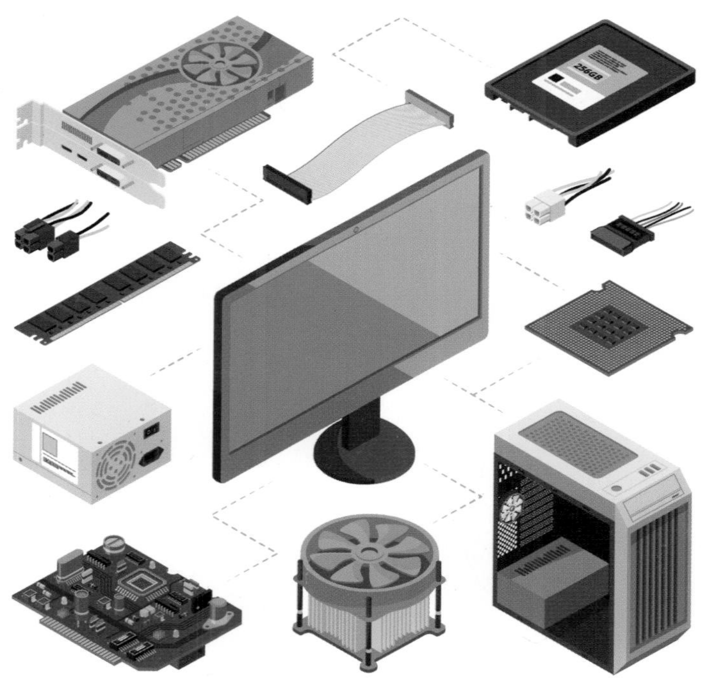

굿 디지털 시민!

정보 사회에 지켜야 할 예절이나 규칙을 알아 굿 디지털 시민이 될 수 있는 역량을 키우는 보드게임을 해봅시다.

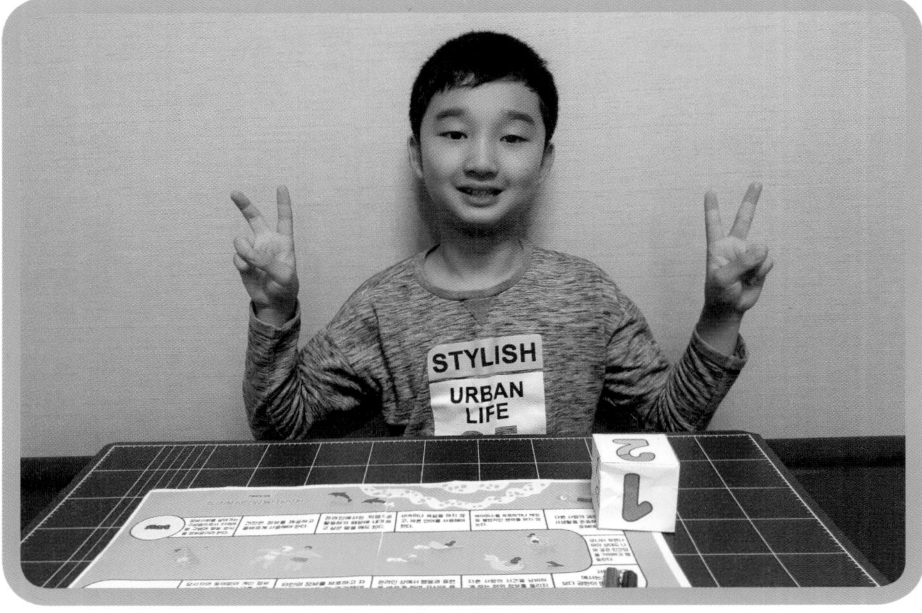

수업길잡이

난이도 ★★★☆☆
소요시간 20분 이상
놀이인원 1인용
준비물 [굿 디지털 시민] 보드판, 숫자 주사위, 색연필(사인펜), 말

컴퓨터 과학 보드 놀이를 준비해요!

놀이 목표 굿 디지털 시민 보드게임을 통해 정보 사회에 지켜야 할 정보 윤리에 대해 알기

놀이 약속 게임 과정에서 알게 된 규칙이나 약속 지키기

학교에서 이렇게 배워요!

놀이 활동 6학년 실과 : 6실05-05 사이버 중독 예방, 개인 정보 보호 및 지식 재산 보호의 의미를 알고 생활 속에서 실천한다.

디지털 시민

정보 사회에 지켜야 할 예절이나 규칙에 대해 배우는 보드게임입니다. 주사위를 던져 이동하는 과정에서 퀴즈를 풀고, 색칠하는 과정에서 자연스럽게 정보 사회를 살아가며 지켜야 할 예절이나 규칙에 대해 알아가는 굿 디지털 시민 보드게임을 해봅시다.

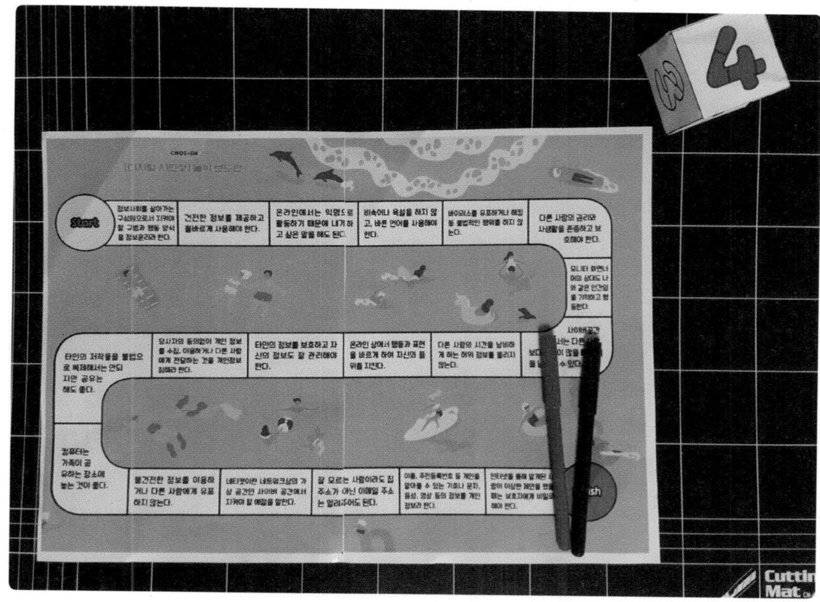

1 부록에 있는 [굿 디지털 시민] 보드판과 숫자 주사위를 오립니다. 숫자 주사위는 풀 또는 테이프로 입체 모양을 만들어 줍니다. 이미 이전 활동에서 만들어놓은 것이 있다면 그것을 활용해도 좋습니다. 그리고 색칠을 위한 색연필(사인펜)을 준비합니다.

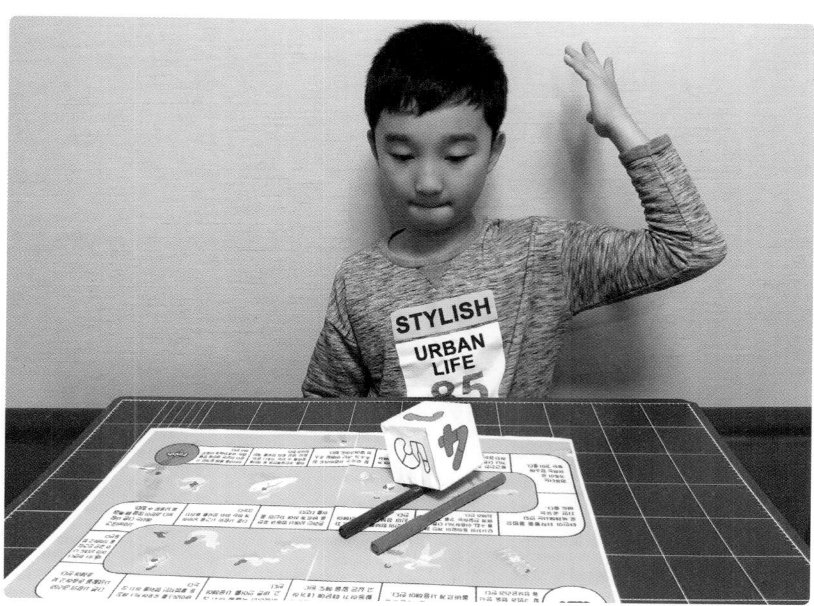

2 1인용 게임이기 때문에 주사위를 던져 나온 수만큼 이동합니다.

– 2인용으로 할 수 있습니다. 단, 2인용으로 할 경우 경쟁 게임이 아니라 함께 문제를 해결하는 협력 게임용으로 활용할 수 있습니다. 퀴즈를 같이 풀고, 색칠도 함께 합니다.

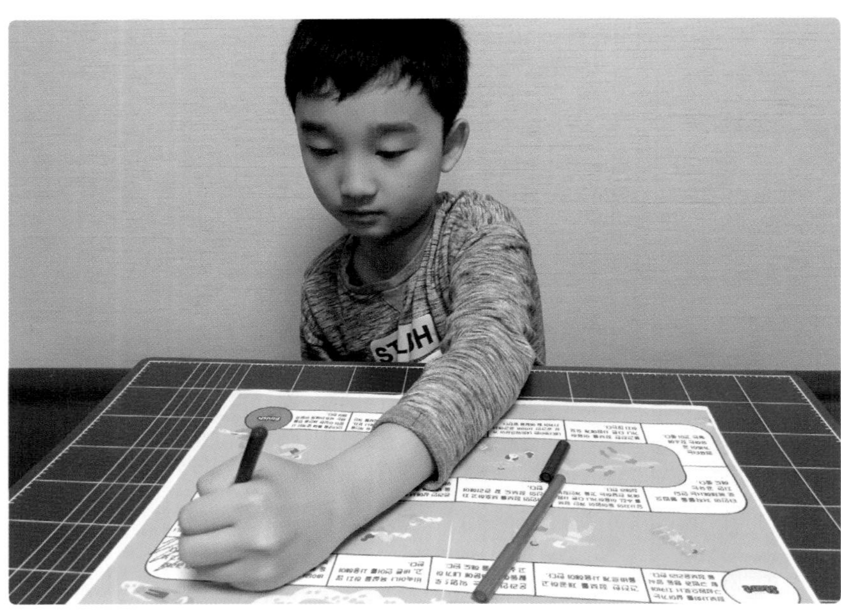

3 도착한 곳에 적힌 문장을 읽고 맞으면 녹색을, 틀리면 빨간색을 칠합니다. 색깔은 본인이 원하는 색으로 해도 좋습니다. 단, 맞는 문장과 틀린 문장의 색깔은 다르게 합니다.

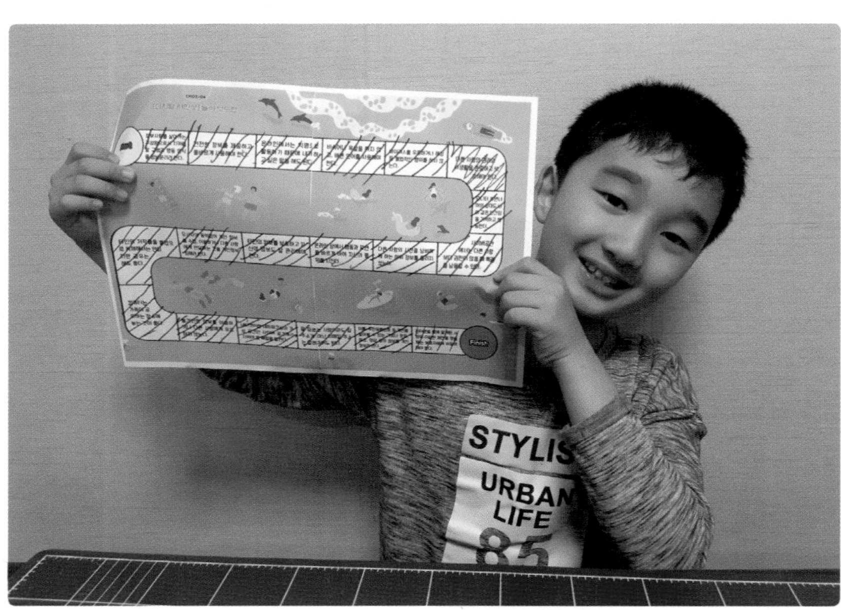

4 빈칸을 모두 채울 때까지 주사위를 던져 움직이고, 보드판의 색칠을 완성합니다.

Special Page

디지털 시민성

시민성이란 민주 사회의 구성원인 시민으로서 요구되는 자질 혹은 자격을 말하는 것으로, 현실 세계에서 지켜야 할 기본적인 예절이나 규범을 지켜나가는 태도를 가져야 함을 의미합니다. 이와 같은 자질이나 자격이 없는 시민에 의해 윤리적인 문제가 종종 발생하기도 합니다. 이는 온라인과 같은 가상 세계에서도 마찬가지입니다. 사이버 왕따, 불건전한 정보 유출, 지식재산권 침해, 언어폭력 등과 같은 윤리적인 문제가 가상 세계, 즉 디지털 세상에서도 발생하는 것이죠. 따라서 디지털 시민성이란 가상 세계 속의 바람직한 관계 설정을 전제로 한 시민이 가져야 할 가치, 태도, 행동을 나타냅니다.

디지털 시민으로서 갖춰야 할 5가지 자세를 살펴보면 첫째, 디지털 사회는 스스로 책임하에 자유롭게 만들어 가는 열린 공간이기 때문에 진정한 소통과 교류의 장이 되도록 가꿔야 합니다. 둘째, 디지털 사회에서 인간으로서 개인의 존엄과 가치를 지키며 행복을 추구해야 합니다. 셋째, 디지털 사회에서 타인의 사생활과 자유, 권리를 침해하지 않아야 합니다. 넷째, 디지털 사회의 창의적인 발전을 위해 타인의 지적 재산권을 침해하지 않습니다. 다섯째, 디지털 사회를 아름답게 가꾸고 보존하여 후손들에게 자랑스러운 디지털 사회의 문화유산을 물려줘야 합니다.

컴퓨터 역사길

컴퓨터의 탄생에서부터 발전 과정을 하나하나 따라갈 수 있는 컴퓨터 역사길을 완성하는 놀이를 해봅시다.

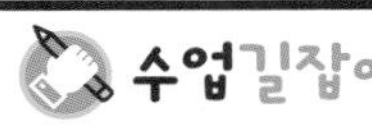

난이도 ★★★☆☆
소요시간 20분 이상
놀이인원 1인용
준비물 [컴퓨터 역사길] 보드판, 숫자 주사위, 컴퓨터 역사 카드, 말, 풀(테이프)

컴퓨터 과학 보드 놀이를 준비해요!

놀이 목표 컴퓨터 역사길 놀이를 통해 컴퓨터가 발전한 과정 알기
놀이 약속 컴퓨터가 우리 생활에 미친 영향 생각해보기

학교에서 이렇게 배워요!

놀이 활동 6학년 실과 : 6실04-08 절차적 사고에 의한 문제 해결의 순서를 생각하고 적용한다.

정보 소양

컴퓨터의 발전 과정을 살펴보는 가운데 컴퓨터가 우리 생활에 미친 영향에 대해 알 수 있는 놀이입니다. 컴퓨터의 역사가 담긴 카드를 하나씩 오려 시간순으로 붙여보는 과정에서 자연스럽게 우리 사회가 어떻게 변화해갔는지 생각해볼 수 있는 컴퓨터 역사길 보드게임을 해봅시다.

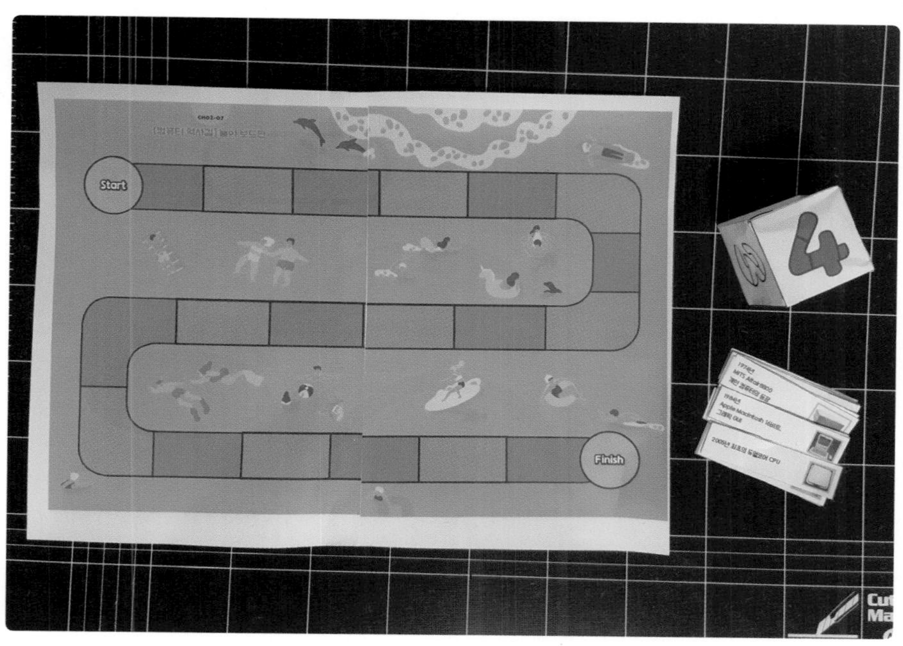

1 부록에 있는 [컴퓨터 역사길] 보드판과 숫자 주사위, 역사길에 붙일 컴퓨터 역사 카드를 오립니다. 숫자 주사위는 이전 활동에서 만들어 놓은 것으로 준비합니다.

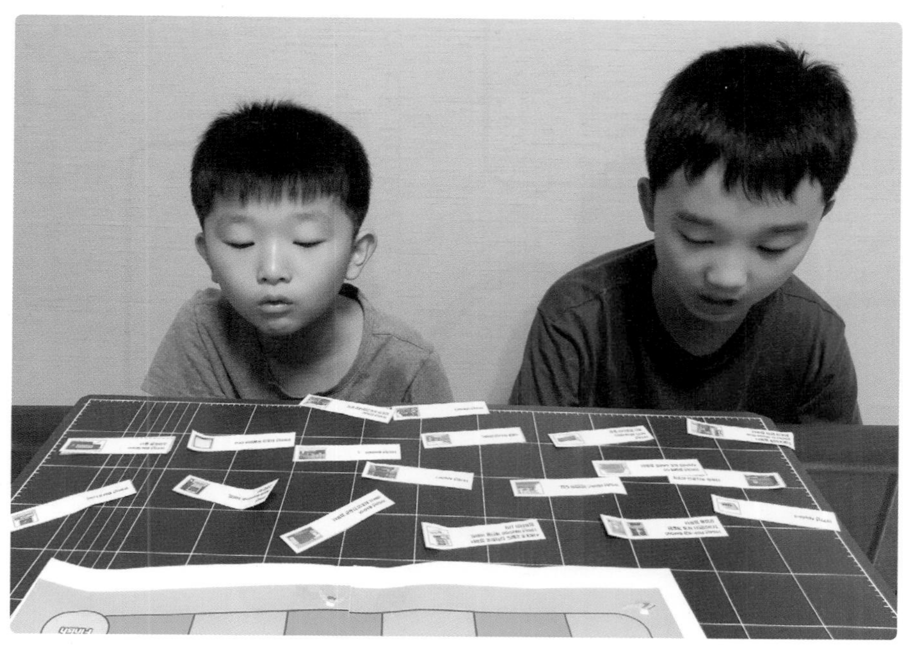

2 오린 카드 속 내용을 하나씩 읽어가며 컴퓨터가 어떻게 발전했는지 이해하고, 연도순으로 정리해봅니다.

3 연도순으로 정리한 컴퓨터 역사 카드를 보드판의 길 위에 하나씩 붙여갑니다.

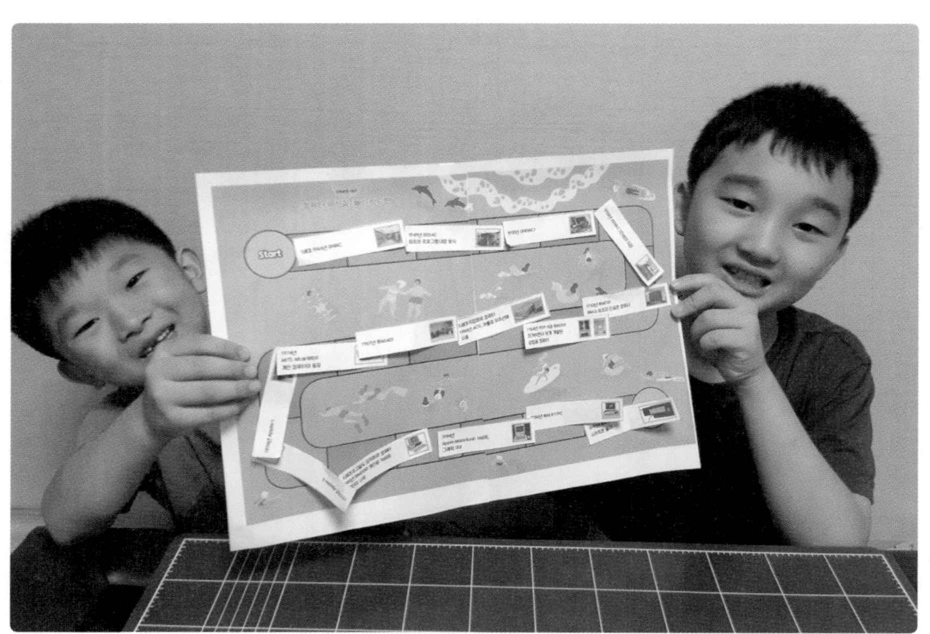

4 컴퓨터 역사길을 완성하고, 다시 한번 연도순으로 살펴보면서 컴퓨터가 발전해 간 과정을 이해합니다.

Special Page

최초의 컴퓨터에서 인공지능 컴퓨터까지

세계 최초의 컴퓨터는 무엇일까요? 바로 1946년 펜실베이니아 대학의 모클리와 에커트가 제작한 전자 컴퓨터인 에니악입니다. 높이가 2.5m, 길이만 25m에 달하며 사용된 진공관의 개수만 약 18,000여 개로 알려져 있습니다. 에니악은 현재와 같은 프로그램 기억식이 아니라 프로그램을 배선판에 하나씩 배선하여 만든 외부 프로그램 방식으로 현대적인 의미의 전자 컴퓨터로는 콜로서스가 최초라고 이야기하기도 합니다. 콜로서스는 세계 최초의 프로그래밍이 가능한 전자 디지털 컴퓨터이긴 하지만 저장된 프로그램에 의해서가 아니라 스위치와 플러그에 의해 프로그램되고 작동됩니다.

그 이후 컴퓨터는 비약적인 발전을 거듭해오다 현재는 인공지능 컴퓨터까지 개발된 상태입니다. 최초의 인공지능 컴퓨터라고 알려진 왓슨은 자연어 형식으로 된 질문들에 답할 수 있으며 2011년 퀴즈 쇼에 참가해 인간과 대결을 펼치기도 하였습니다. 이렇게 하루가 다르게 발전해 가는 컴퓨터, 여러분도 이런 컴퓨터를 발명해보면 어떨까요?

▲ 최초의 컴퓨터 에니악

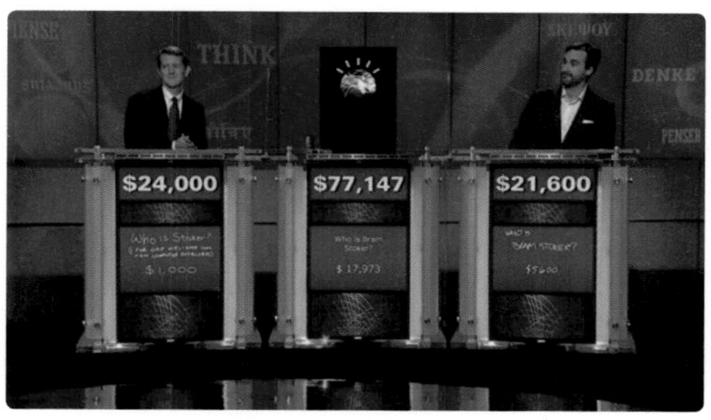

▲ 인공지능 컴퓨터 왓슨
출처 : 제페디 쇼에 출연한 왓슨

디지털 vs 아날로그

디지털 시계를 아날로그 시계로, 아날로그 시계를 디지털 시계로 바꾸는 과정에서 디지털과 아날로그의 개념을 알 수 있는 놀이를 해봅시다.

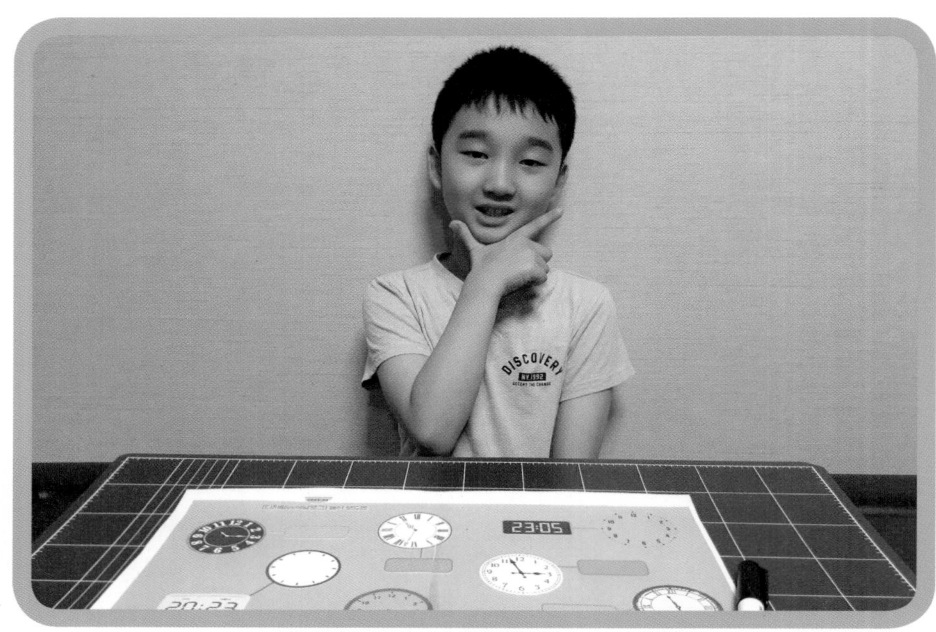

수업길잡이

난이도 ★★★☆☆
소요시간 20분 이상
놀이인원 1인용
준비물 [디지털 vs 아날로그] 보드판, 연필(사인펜)

컴퓨터 과학 보드 놀이를 준비해요!

놀이 목표 디지털 vs 아날로그 놀이를 통해 디지털과 아날로그의 차이점 알기

놀이 약속 부모님 도움 없이 스스로 하기

학교에서 이렇게 배워요!

놀이 활동 6학년 실과 : 6실04-08 절차적 사고에 의한 문제 해결의 순서를 생각하고 적용한다.

디지털
아날로그

디지털 시계를 아날로그 시계로, 아날로그 시계를 디지털 시계로 표현하는 놀이입니다. 디지털과 아날로그로 서로 변환해보는 과정에서 자연스럽게 디지털과 아날로그의 개념에 대해 알 수 있는 놀이를 해봅시다.

1 부록에 있는 [디지털 vs 아날로그] 보드판을 오립니다. 그리고 필기를 위한 연필(사인펜)을 준비합니다.

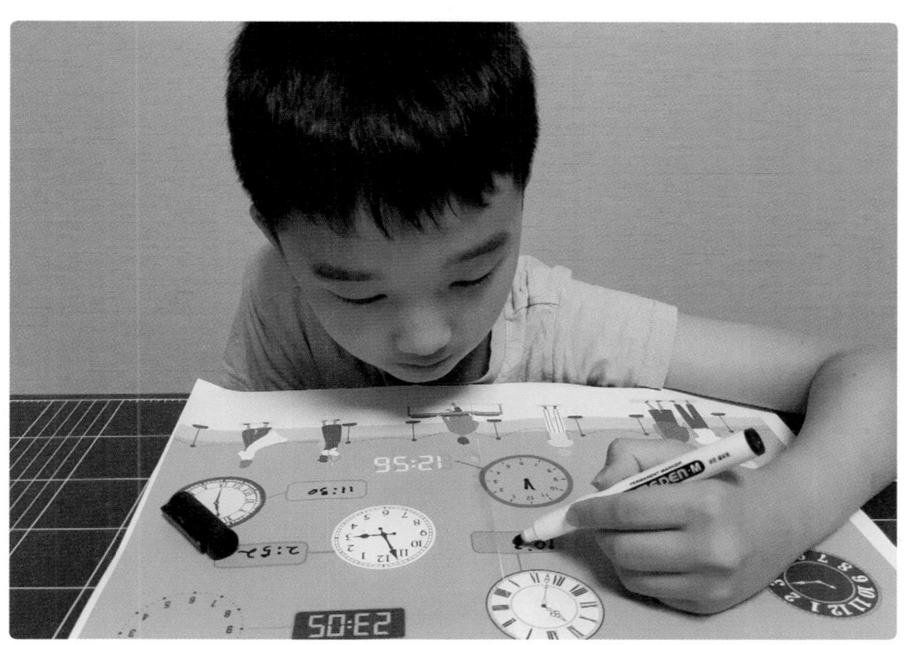

2 보드판 위에 있는 다양한 형태의 시계를 살펴보며 어떻게 활동해야 하는지 이해하고 아날로그 시계를 디지털 시계로, 디지털 시계를 아날로그 시계로 표현해봅니다.

3 완성한 시계가 정확하게 표현되었는지 확인합니다.

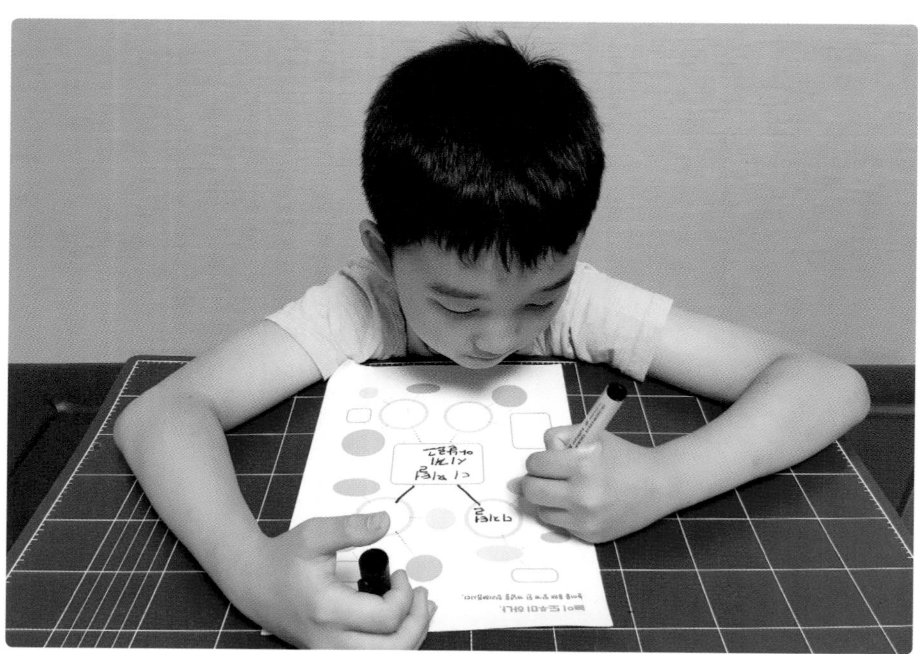

4 'Special Page'에 있는 아날로그와 디지털의 개념에 대한 글을 읽고, 놀이 도우미 속 마인드맵을 완성합니다.

놀이를 통해 알게 된 개념을 정리해봅시다.

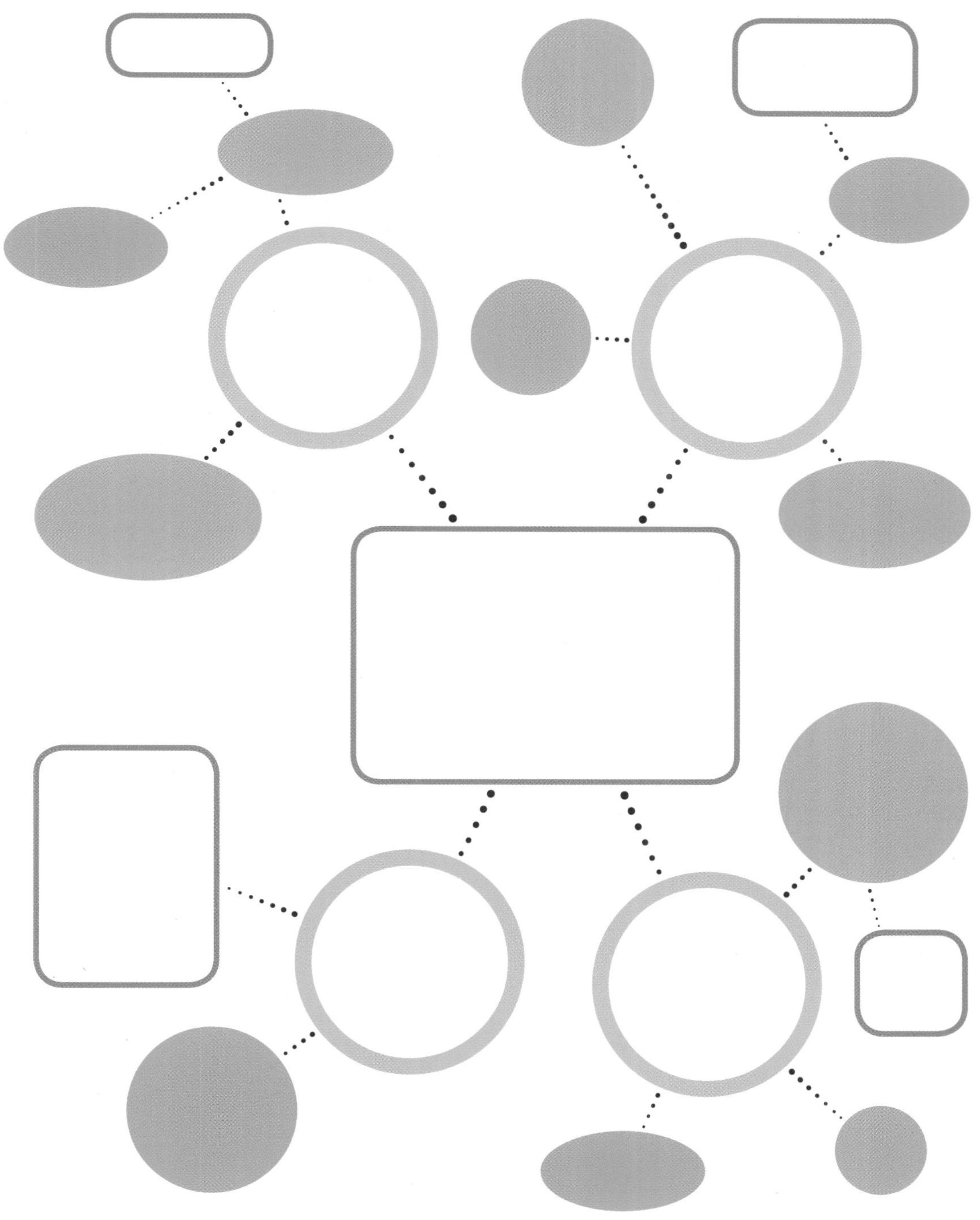

Special Page

디지털 vs 아날로그

전기적인 신호나 정보를 표현하는 방법에는 그 형태에 따라 아날로그와 디지털로 나눌 수 있습니다. 아날로그는 빛, 소리 등과 같이 연속적으로 표현되는 정보를 뜻하고, 디지털은 특정한 값을 단위로 불연속적으로 표현되는 정보를 의미합니다. 따라서 아날로그 정보는 소리나 전압처럼 그때그때 그 값이 변하기 때문에 아주 미세한 차이를 표현할 수 있지만, 정확성이 다소 떨어집니다. 반면 디지털은 모든 정보를 서로 다른 숫자로 표시할 수 있어서 정확도가 높습니다.

요즘은 스마트폰의 디지털 시계로 시각을 확인하는 경우가 많기 때문에 아날로그 시계를 읽는데 어려움을 겪는 친구들이 있습니다. 디지털 시계를 아날로그 시계로 변환시키는 놀이를 통해 아날로그 시계도 척척 읽을 수 있다면 좋겠죠?

구분	아날로그 자료	디지털 자료
정의	빛, 소리 등과 같이 연속적으로 표현되는 것	특정한 값을 단위로 불연속적으로 표현되는 것
장점	세밀한 표현이 가능함	정보의 저장과 전달이 쉽고, 변형없이 전달 가능함
단점	신호를 전달할 때마다 신호가 변형될 수 있음	원래의 정보를 그대로 기록하고 저장하기 어려움
예	온도 변화에 따른 알코올 온도계의 눈금 변화 등	컴퓨터나 스마트폰처럼 현대사회에 사용되는 대부분의 신호
그래프 형태	곡선과 같은 연속적인 형태 진폭 / 0 / 시간	막대 모양처럼 불연속적인 형태 진폭 / 1 / 0 / 시간

부록

책에 없는 부록자료가 필요하다면?

영진닷컴 홈페이지에서 다운로드 할 수 있어요!

❶ 영진닷컴 홈페이지(www.youngjin.com)에 접속합니다.

❷ [고객센터]를 클릭한 후 [부록CD다운로드] 게시판에 들어갑니다.

❸ '코딩 보드게임'을 입력한 후 [검색] 버튼을 클릭합니다.

❹ 검색 목록에 나온 '코딩 보드게임'의 [부록CD다운로드] 버튼을 클릭합니다.

❺ 자료를 다운로드 받은 후 프린트해서 사용하면 됩니다.

조건 보드

리더 주사위의 조건문을 다시 한번 만들어 봅시다.

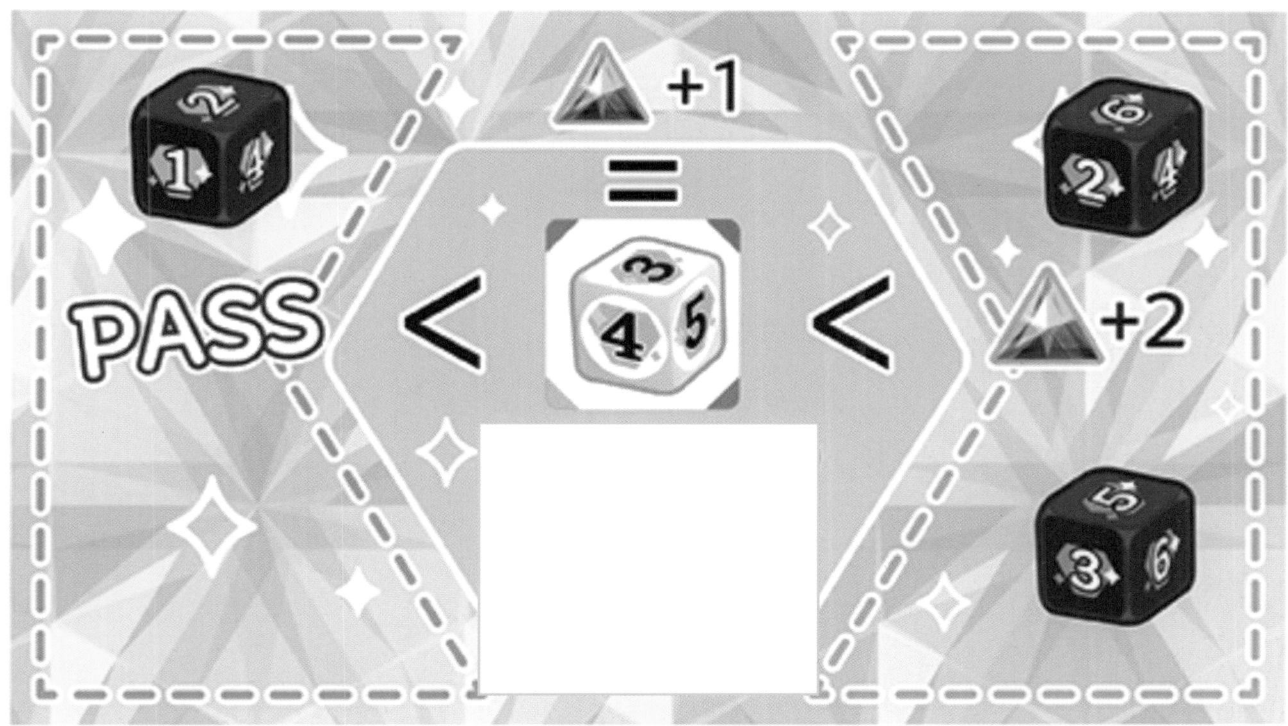

개인 주사위의 조건문을 다시 한번 만들어 봅시다.

열쇠 카드

열쇠 카드를 오린 후 접어서 풀로 붙여 사용합니다. 왼쪽이 앞면, 오른쪽이 뒷면입니다.

2 → 6 → 9

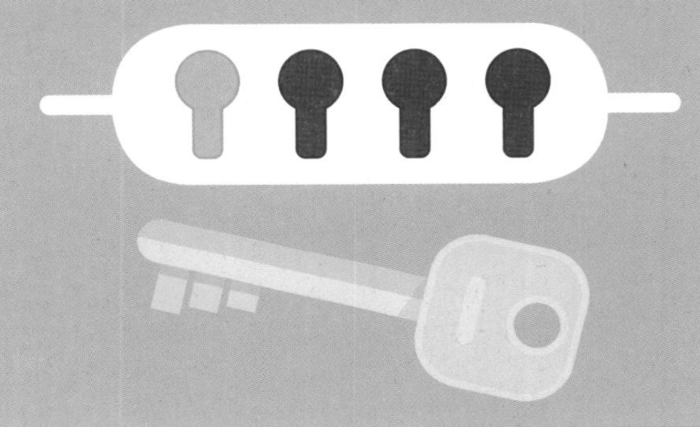

( ) → ( ) → ( )

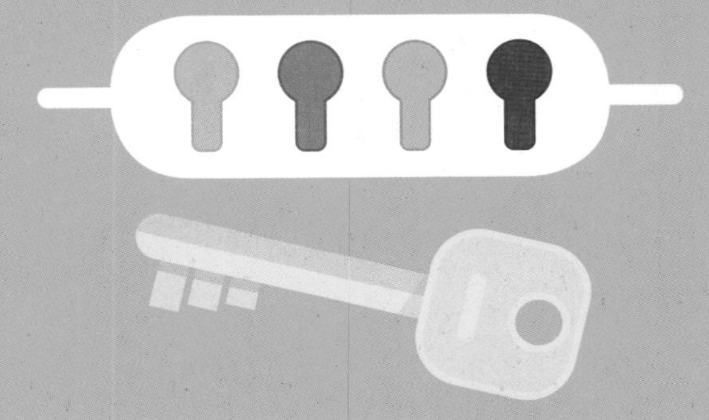

8 → 5 → 2 → 1

( ) → ( ) → ( ) → ( )

열쇠 카드

열쇠 카드를 오린 후 접어서 풀로 붙여 사용합니다. 왼쪽이 앞면, 오른쪽이 뒷면입니다.

1 → 2 → 4 → 7 → 9

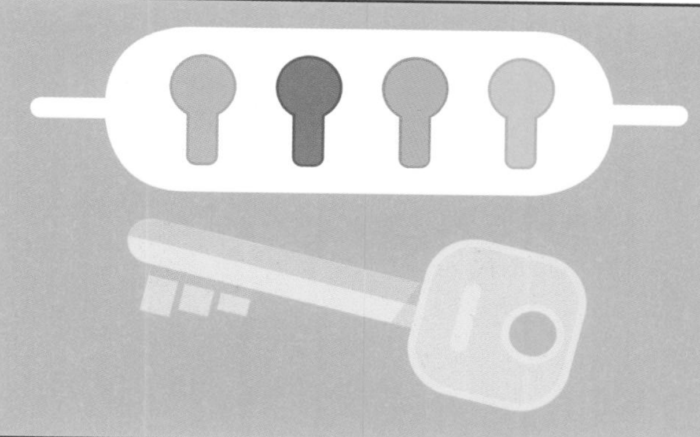

( )→( )→( )→( )→( )

숫자 카드

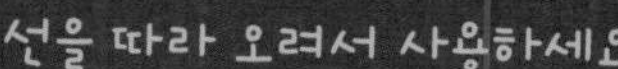

숫자 카드를 오린 후 접어서 풀로 붙여 사용합니다. 왼쪽이 앞면, 오른쪽이 뒷면입니다.

1	숫자 카드
2	숫자 카드

3	숫자 카드
4	숫자 카드

숫자 카드

선을 따라 오려서 사용하세요.

숫자 카드를 오린 후 접어서 풀로 붙여 사용합니다. 왼쪽이 앞면, 오른쪽이 뒷면입니다.

5	숫자 카드
6	숫자 카드

7	숫자 카드
8	숫자 카드

숫자 카드

숫자 카드를 오린 후 접어서 풀로 붙여 사용합니다. 왼쪽이 앞면, 오른쪽이 뒷면입니다.

9	숫자 카드
10	숫자 카드

로봇 완성 카드

선을 따라 오려서 사용하세요.

로봇 부품 카드

선을 따라 오려서 사용하세요.

부품 카드는 각각 4장 이상씩 필요하므로 모자란 카드는 영진닷컴 사이트에서 다운받아 활용합니다.

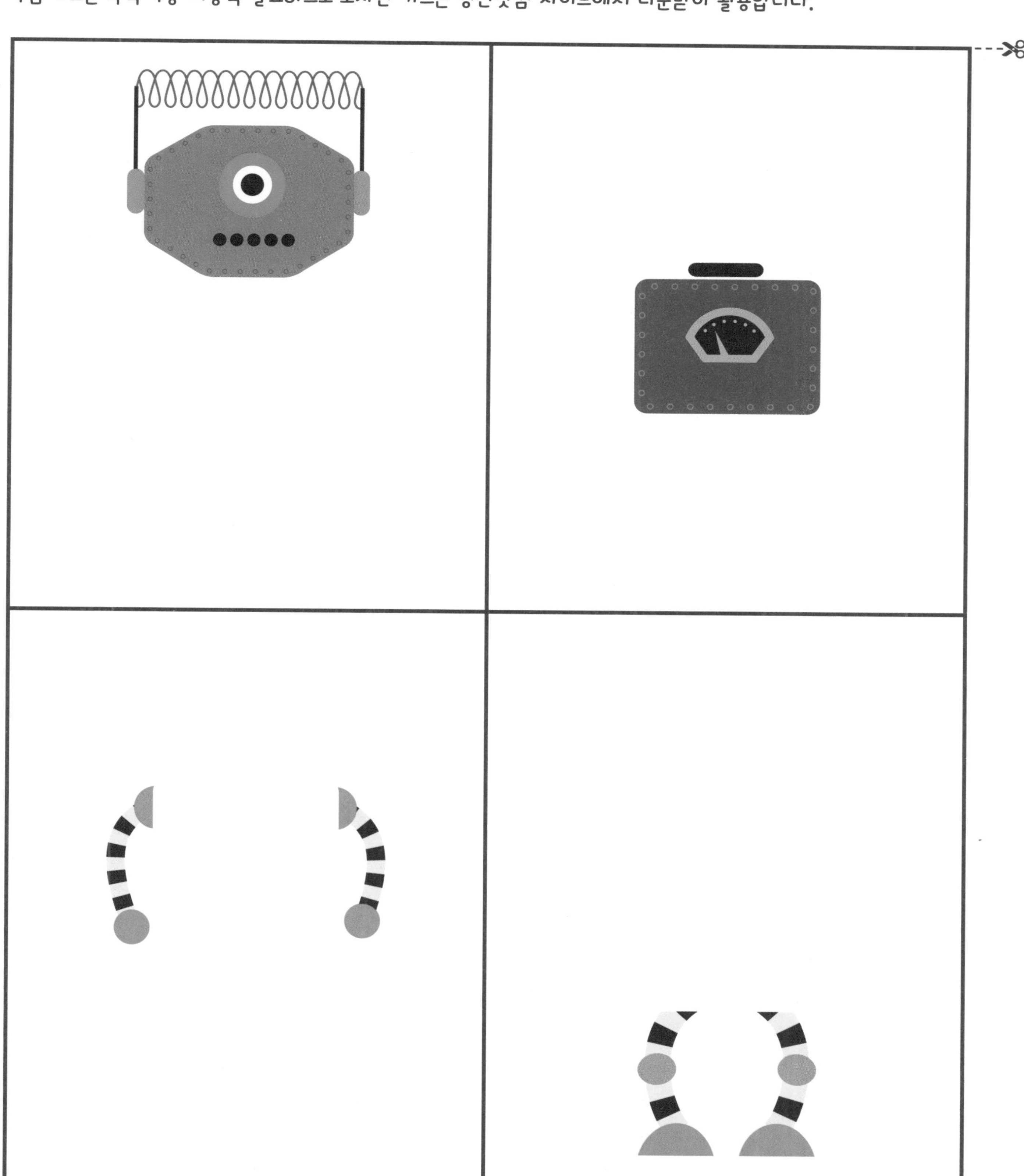

로봇 부품 카드

선을 따라 오려서 사용하세요.

부품 카드는 각각 4장 이상씩 필요하므로 모자란 카드는 영진닷컴 사이트에서 다운받아 활용합니다.

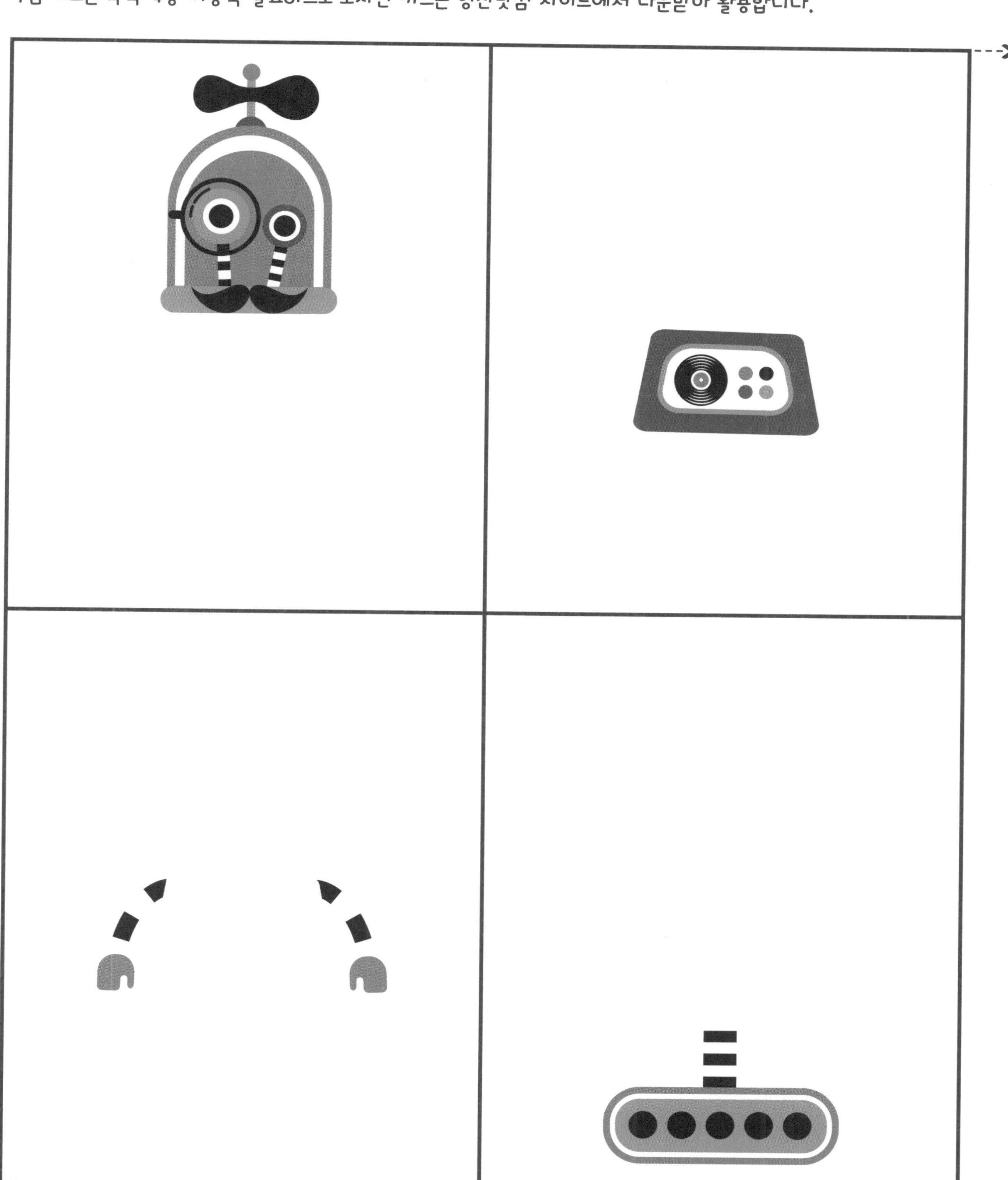

로봇 부품 카드

선을 따라 오려서 사용하세요.

부품 카드는 각각 4장 이상씩 필요하므로 모자란 카드는 영진닷컴 사이트에서 다운받아 활용합니다.

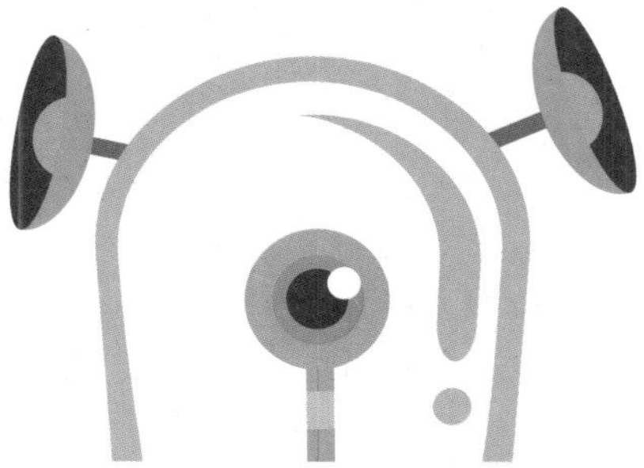

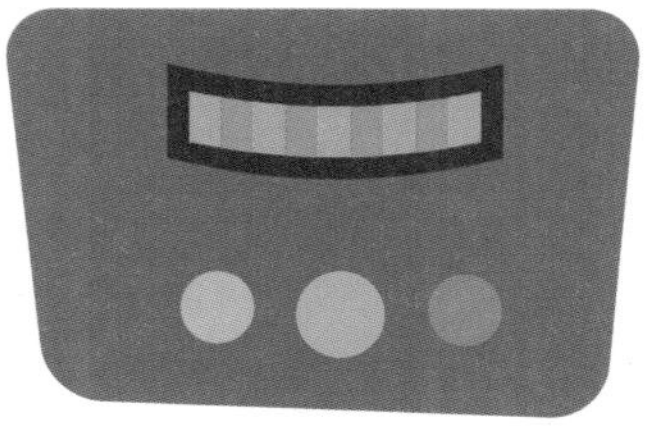

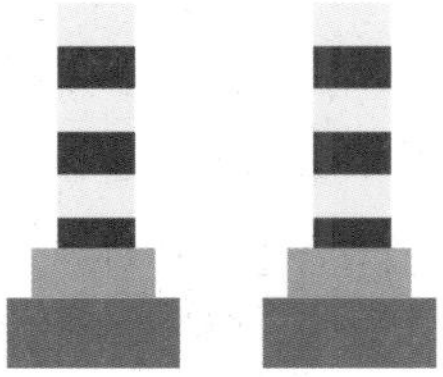

로봇 부품 카드

선을 따라 오려서 사용하세요.

부품 카드는 각각 4장 이상씩 필요하므로 모자란 카드는 영진닷컴 사이트에서 다운받아 활용합니다.

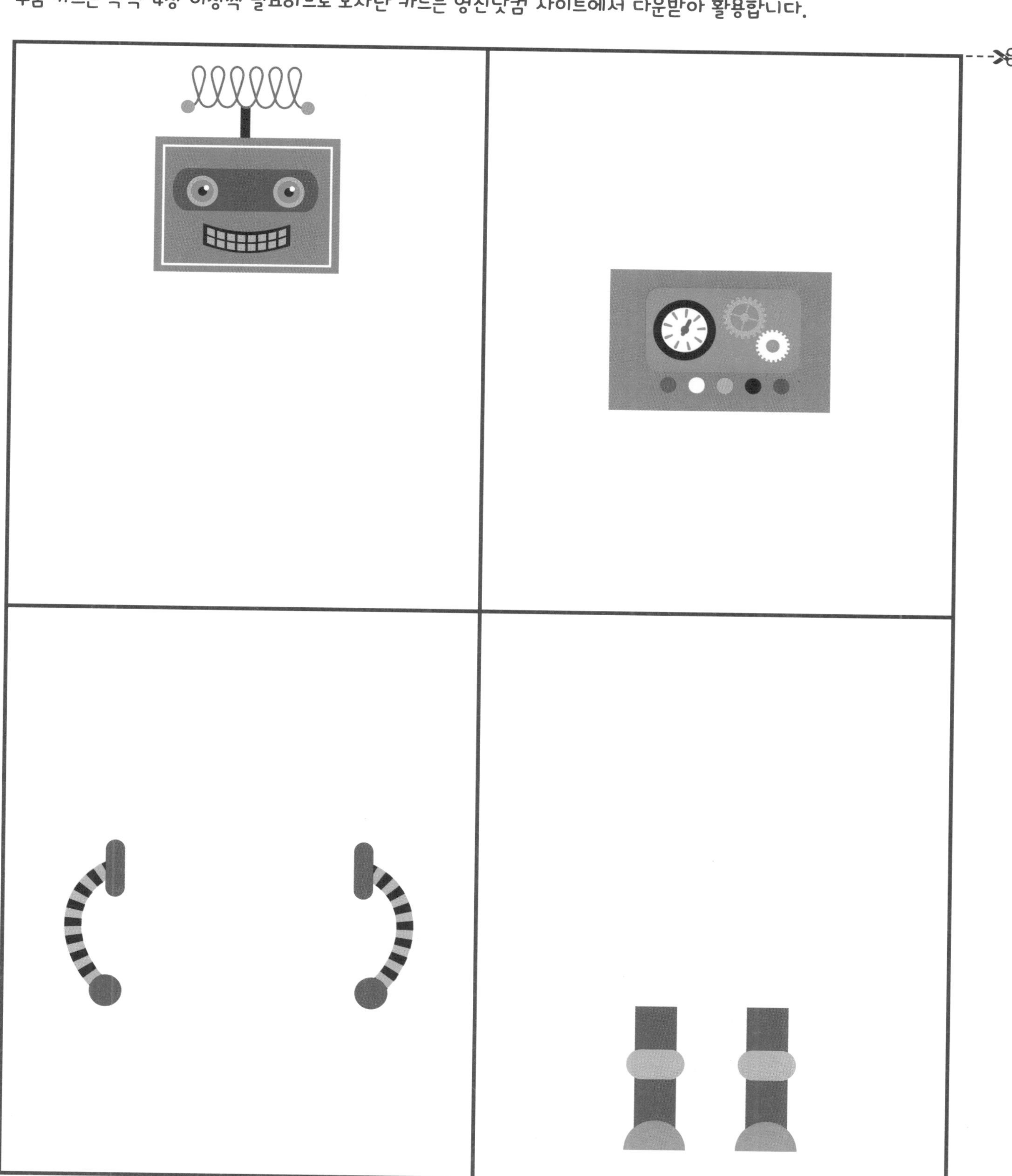

컨트롤러

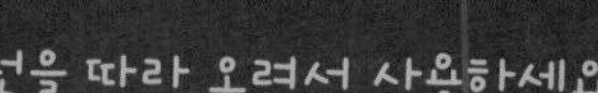

선을 따라 오려서 사용하세요.

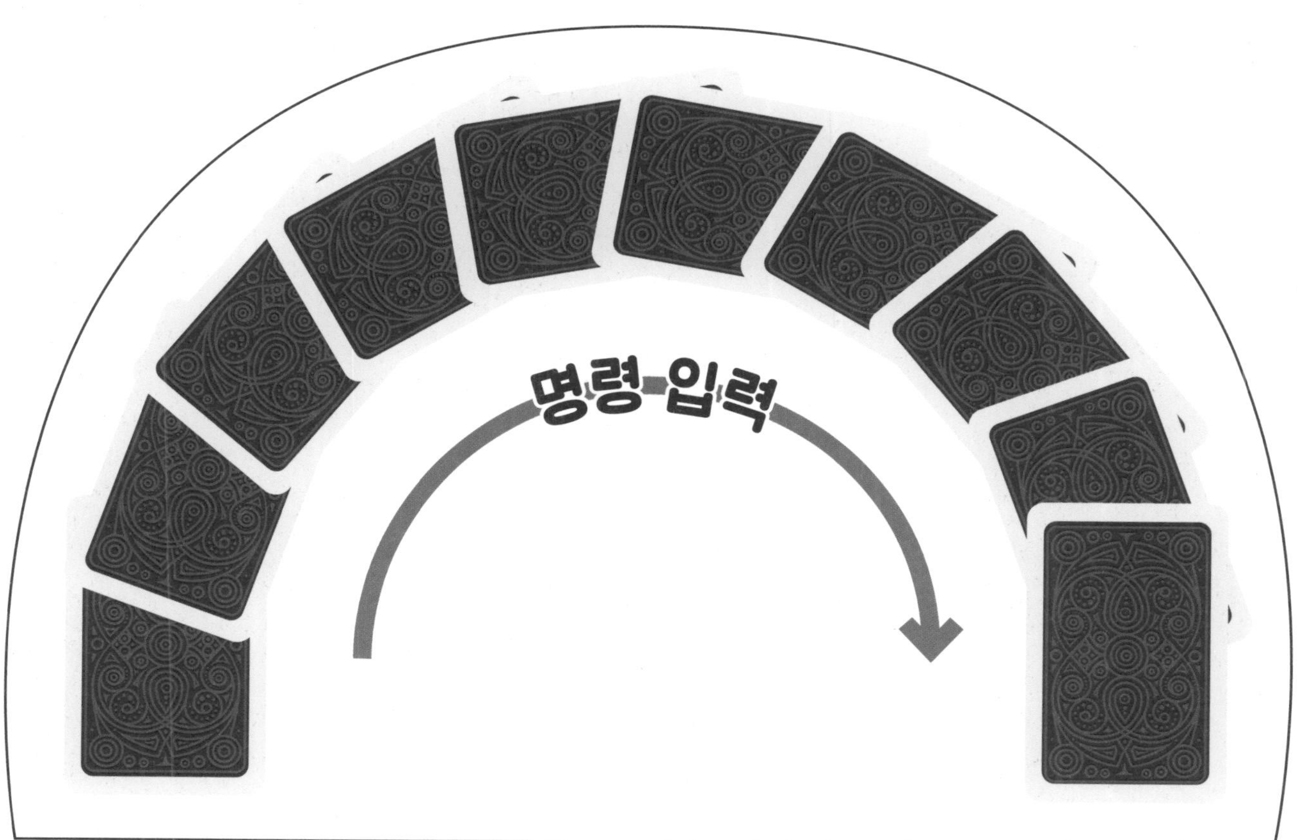

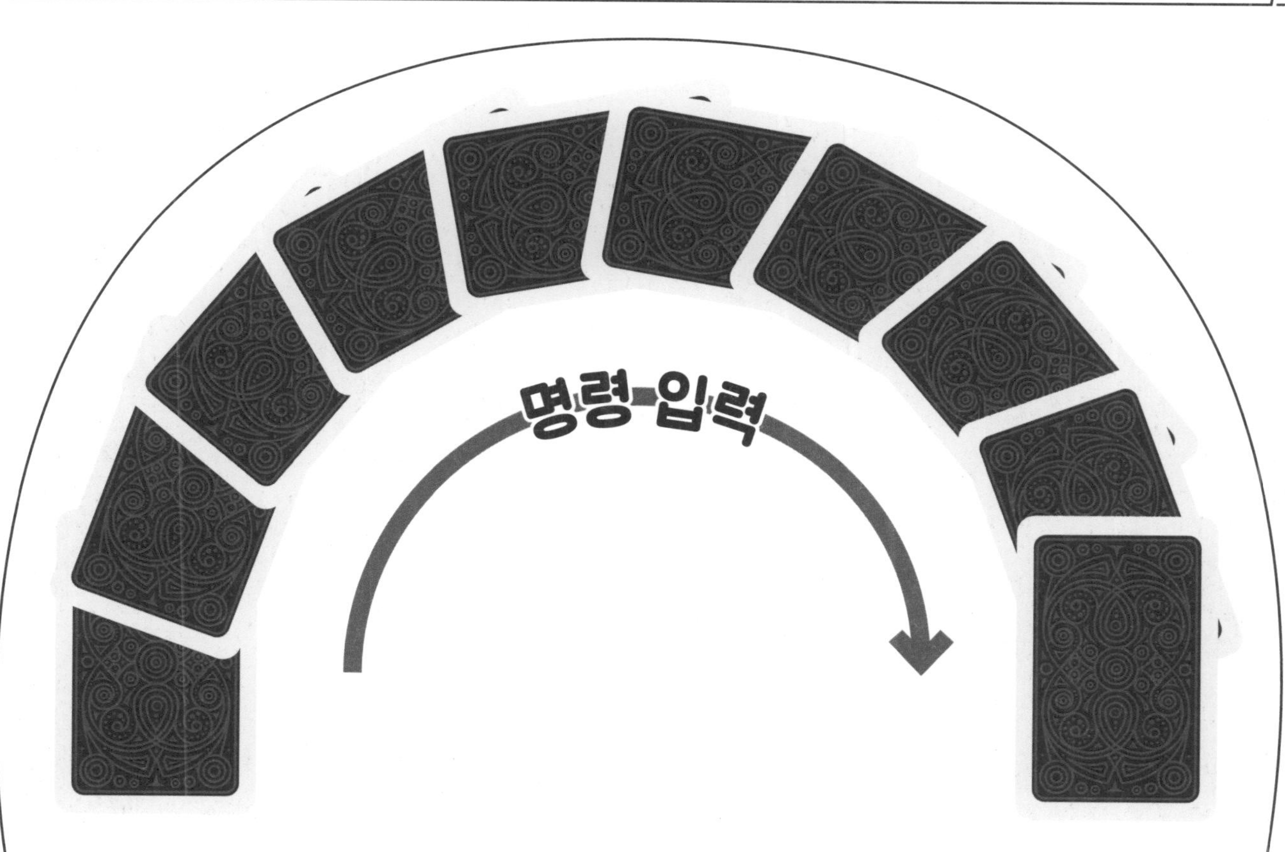

명령 카드

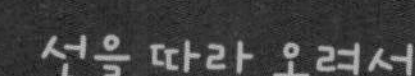

선을 따라 오려서 사용하세요.

명령 카드

선을 따라 오려서 사용하세요.

사탕 줍기		

엔트리 조건 명령 카드

선을 따라 오려서 사용하세요.

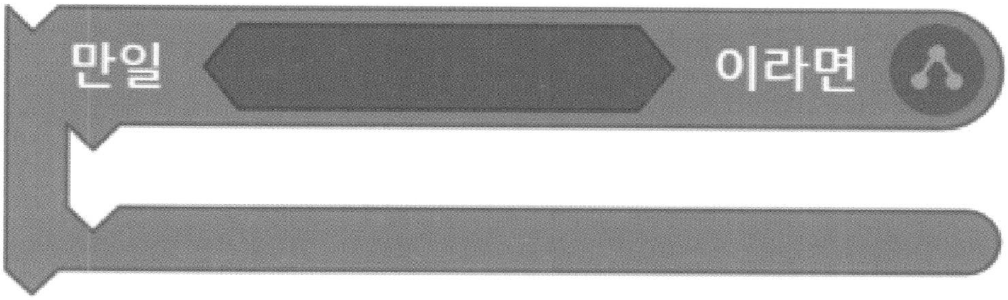

만일 이라면

이 될 때까지 ▾ 반복하기

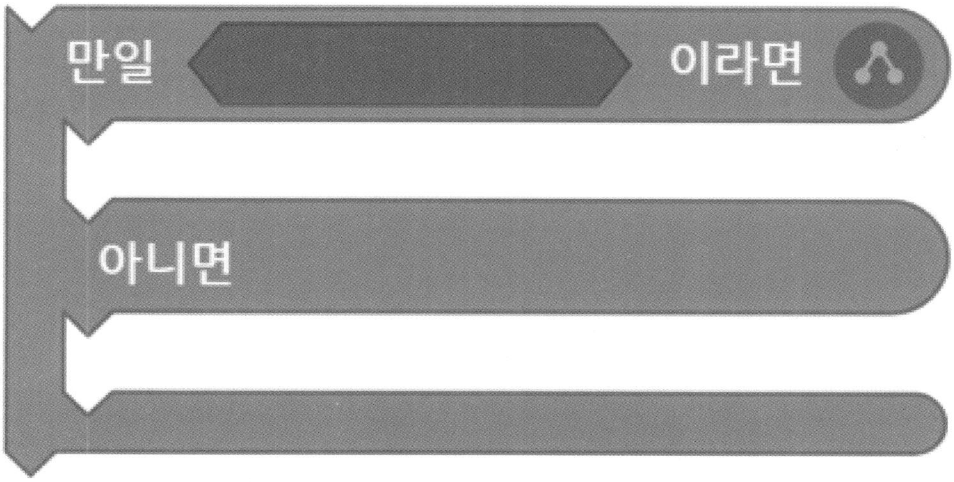

만일 이라면

아니면

엔트리 조건 명령 카드

선을 따라 오려서 사용하세요.

마우스를 클릭했는가?

엔트리봇 ▼ 에 닿았는가?

벽 ▼ 에 닿았는가?

스페이스 ▼ 키가 눌러져 있는가?

x 좌표를 10 만큼 바꾸기

y 좌표를 10 만큼 바꾸기

화면 끝에 닿으면 튕기기

2 초 기다리기

이동 방향으로 10 만큼 움직이기

안녕! 을(를) 말하기 ▼

다음 ▼ 모양으로 바꾸기

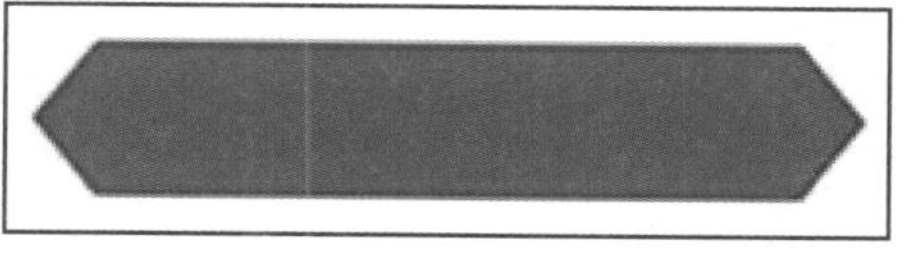
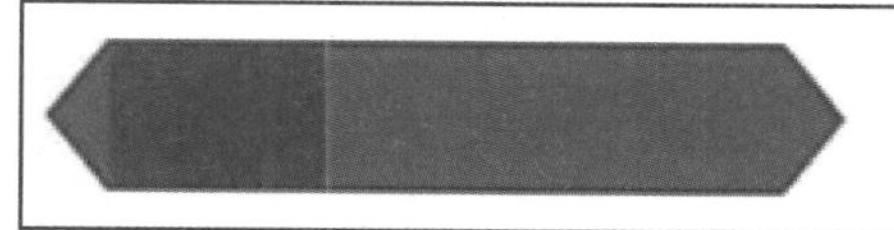
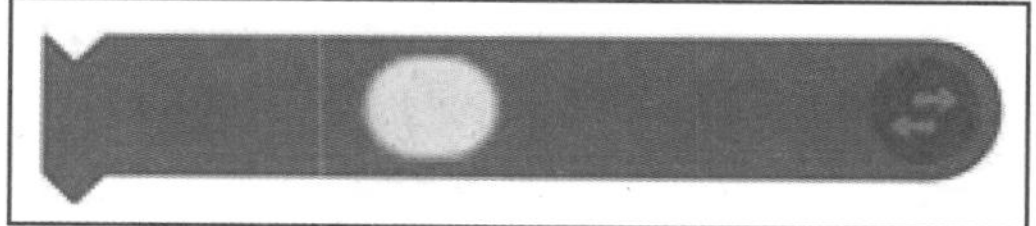

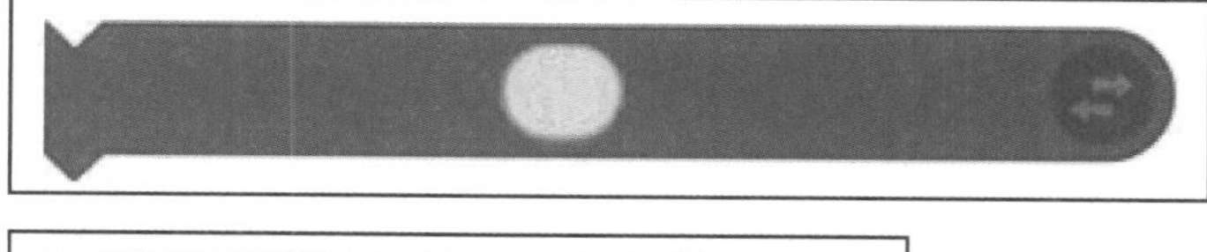
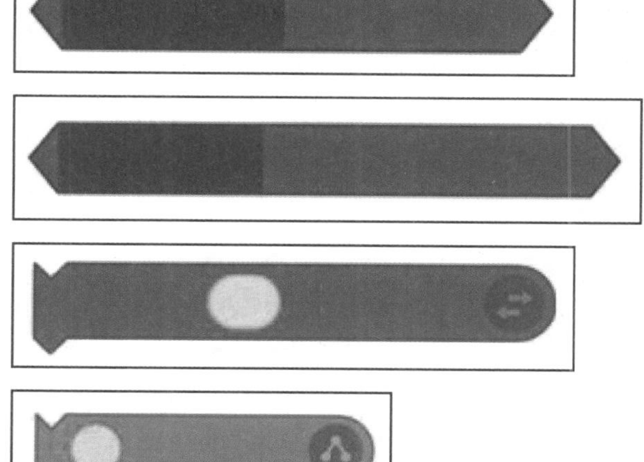
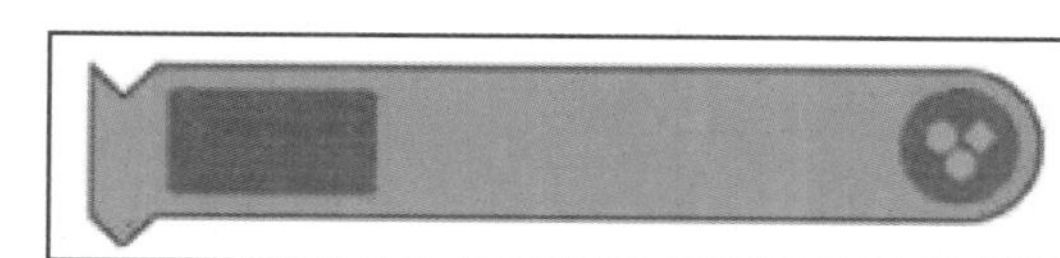

숫자 주사위

선을 따라 오려서 사용하세요.

풀칠하는 곳

풀칠하는 곳

풀칠하는 곳

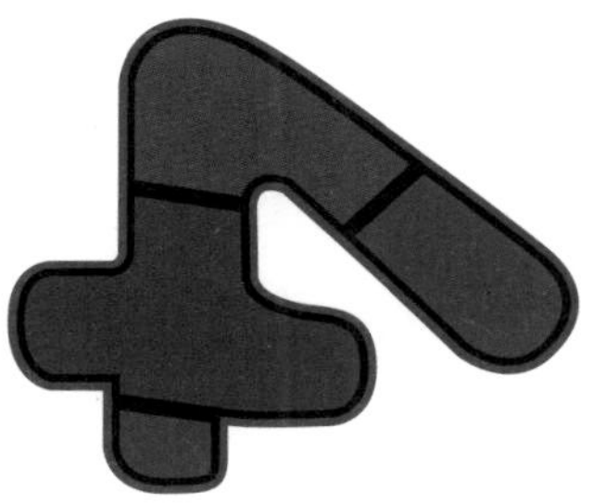

풀칠하는 곳

풀칠하는 곳

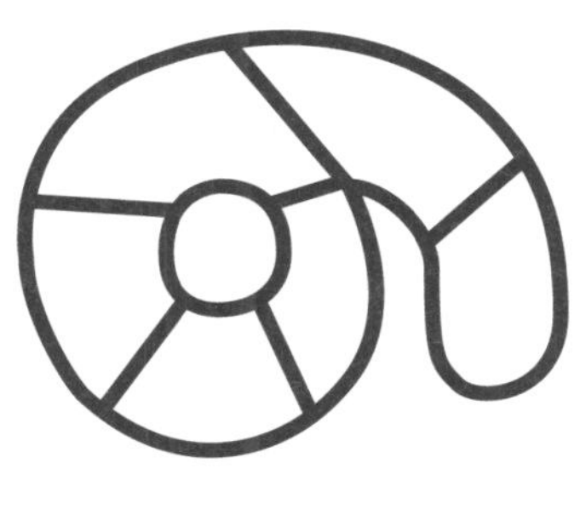

풀칠하는 곳

풀칠하는 곳

CH02-01

데이터 기록판

선을 따라 오려서 사용하세요.

내가 모은 데이터 값을 기록해봅시다.

플레이어 1	
플레이어 2	
플레이어 3	
플레이어 4	

모양 주사위

선을 따라 오려서 사용하세요.

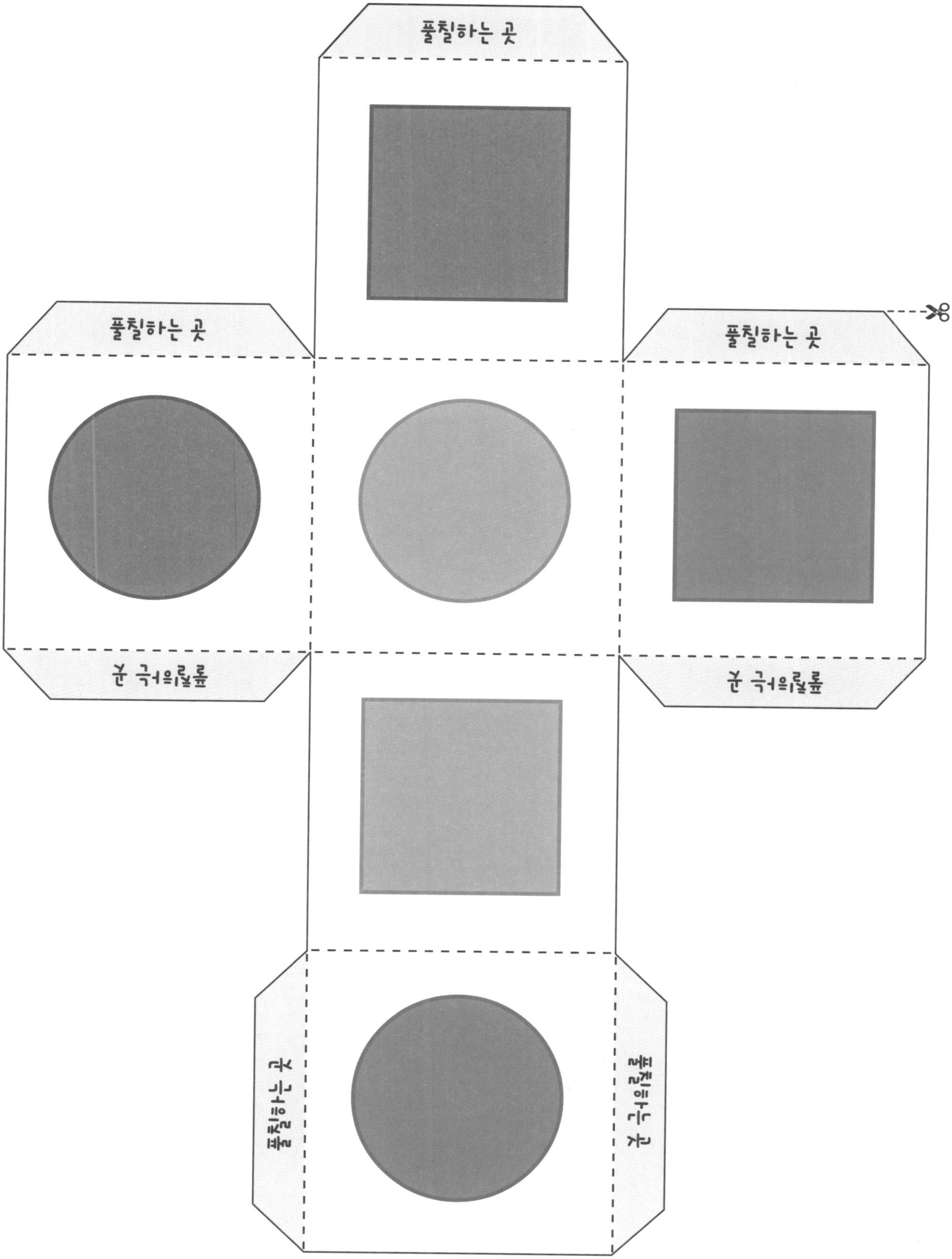

풀칠하는 곳

풀칠하는 곳

풀칠하는 곳

풀칠하는 곳

풀칠하는 곳

풀칠하는 곳

풀칠하는 곳

스마트폰

선을 따라 오려서 사용하세요.

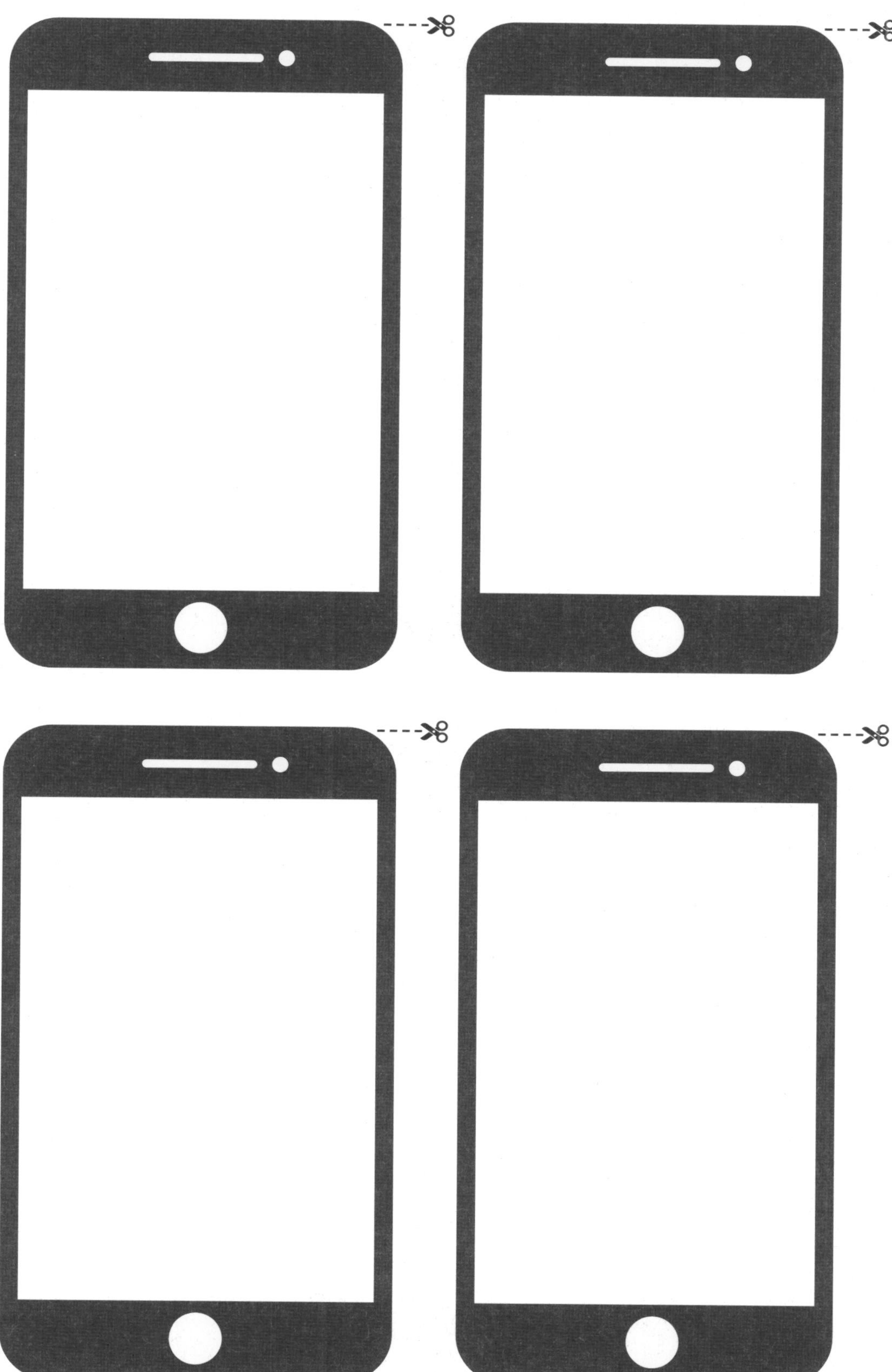

소프트웨어 아이콘

선을 따라 오려서 사용하세요.

숫자 주사위

선을 따라 오려서 사용하세요.

풀칠하는 곳

풀칠하는 곳

풀칠하는 곳

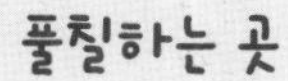

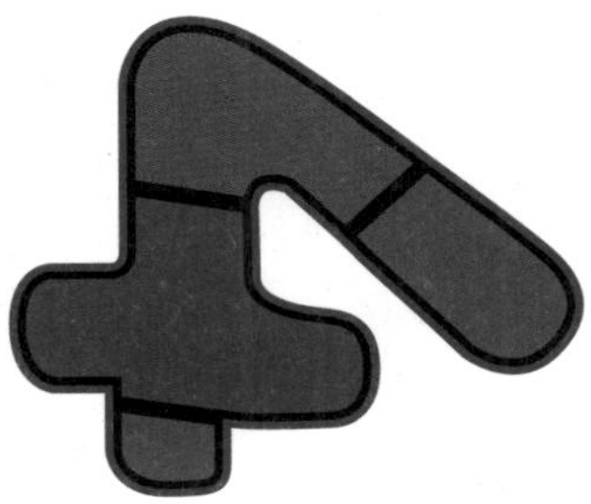

풀칠하는 곳

풀칠하는 곳

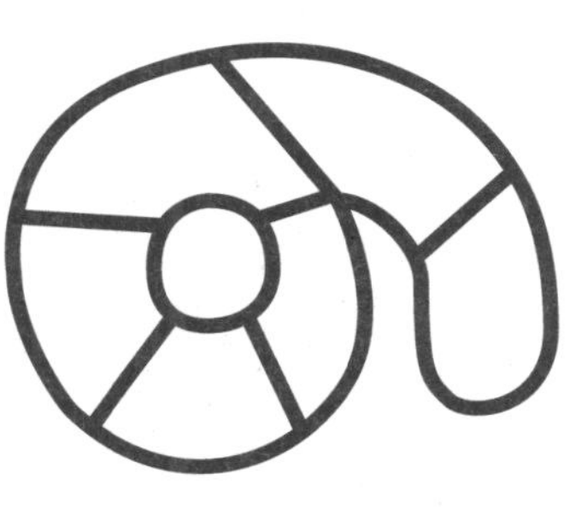

풀칠하는 곳

풀칠하는 곳

조건 주사위

선을 따라 오려서 사용하세요.

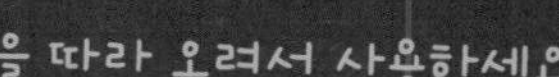

— **검정선** : 오리는 선
- - - **빨간선** : 접는 선
■ **회색면** : 풀칠하는 곳

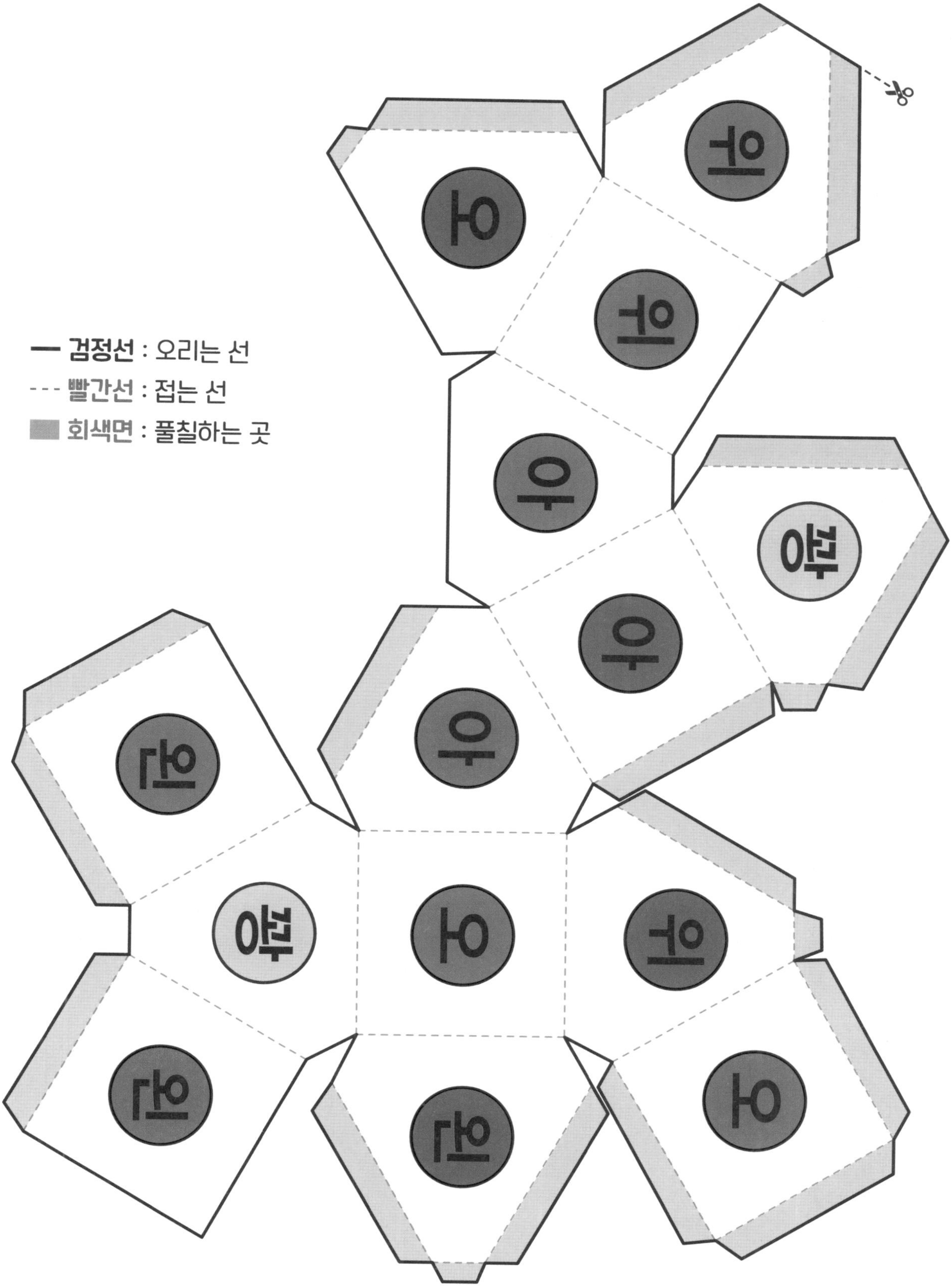

책상

하드웨어 아이콘

선을 따라 오려서 사용하세요.

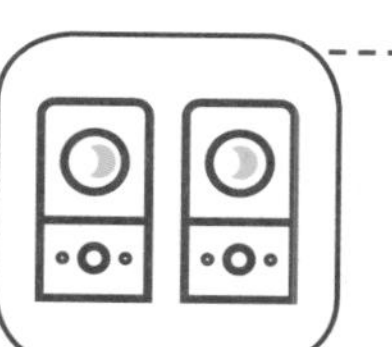

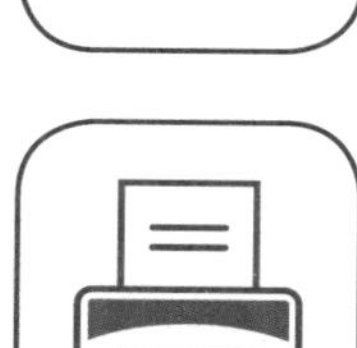

하드웨어 아이콘

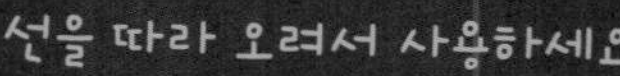

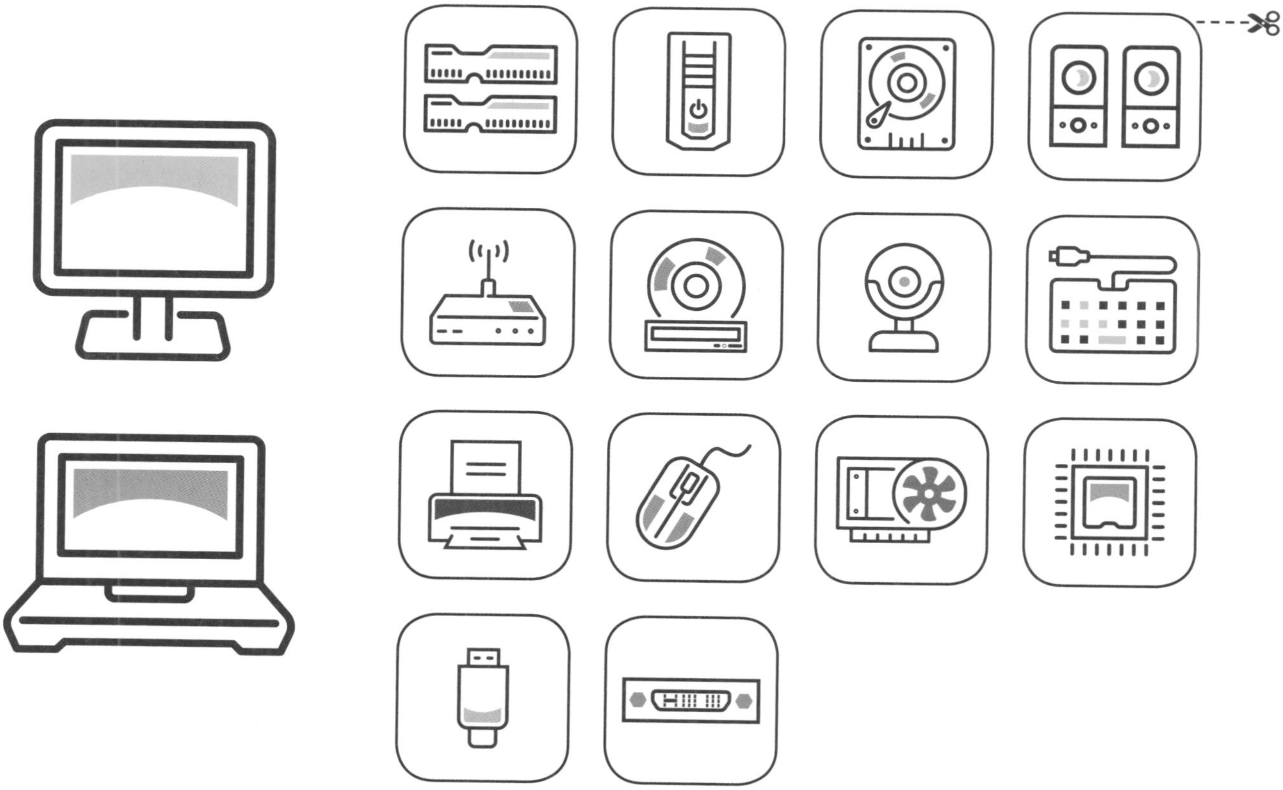

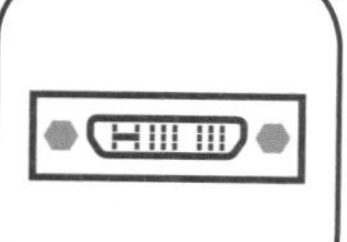

숫자 주사위

선을 따라 오려서 사용하세요.

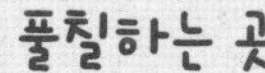

풀칠하는 곳

풀칠하는 곳

풀칠하는 곳

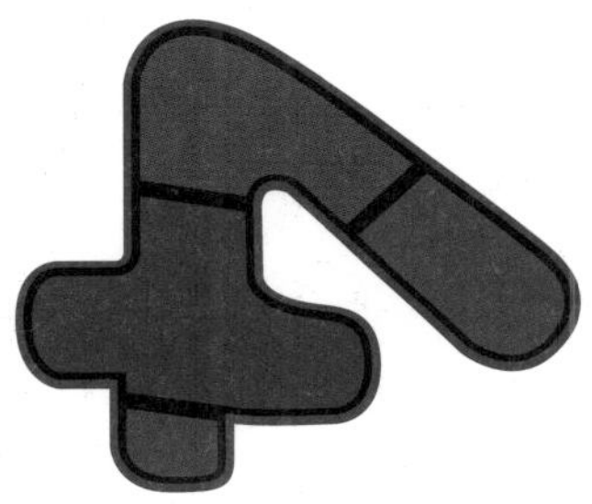

풀칠하는 곳

풀칠하는 곳

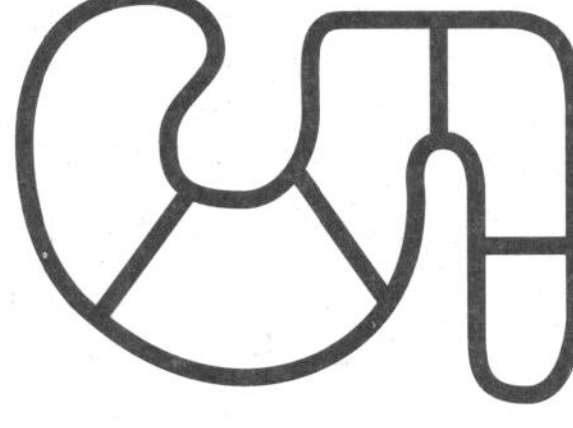

풀칠하는 곳

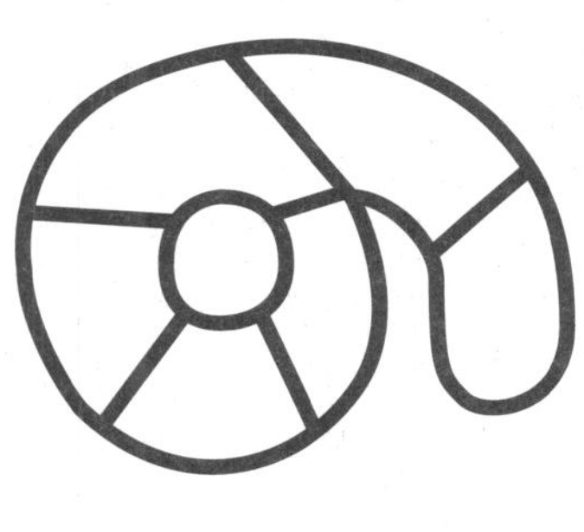

풀칠하는 곳

컴퓨터 역사 카드

선을 따라 오려서 사용하세요.

 1세대 1946년 ENIAC 	3세대 직접회로 컴퓨터 1966년 ACG, 아폴로 우주선에 사용 
1949년 EDSAC 최초의 프로그램 내장 방식 	1967년 IBM1401 
1950년 UNIVAC1 	1974년 MITS Altair8800 개인 컴퓨터의 등장 
1952년 EDVAC 2진법의 도입 	1976년 Apple-I 
1953년 IBM701 IBM사 최초의 진공관 컴퓨터 	1977년 Apple-II 
1984년 Apple Macintosh 16비트, 그래픽 GUI 	2011년 Watson 최초의 인공지능 컴퓨터 
1986년 IBM RT/PC 	5세대 미래 컴퓨터 2011년 D-Wave One 최초의 양자 컴퓨터 
1992년 IBM Simon 스마트폰 출시 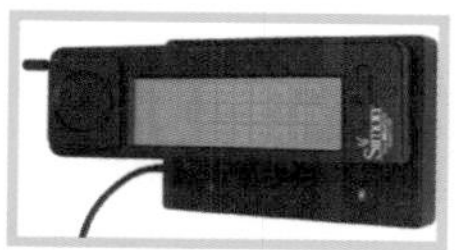	2005년 최초의 듀얼코어 CPU 
1994년 Apple Power Macintosh 	4세대 초고밀도 집적회로 컴퓨터 1981년 IBM5150 개인용 16비트 컴퓨터의 시작 
2003년 파워맥 G5 Apple의 최초 64비트 컴퓨터 	1964년 PDP-8과 IBM360 저가이면서 작게 개발된 상업용 컴퓨터